El factor "eso"

SÉ AUTÉNTICO...

ISBN 978-1-965679-57-9 (Paperback)
ISBN 978-1-965679-58-6 (Ebook)

Inquiries and Book Orders should be addressed to:

Leavitt Peak Press
17901 Pioneer Blvd Ste L #298, Artesia, California 90701
Phone #: 2092191548

El factor "eso"

SÉ AUTÉNTICO...

Bobette Stubblefield,
Magíster en Educación

Contents

El factor "eso"

SÉ AUTÉNTICO

Este libro está dedicado a todos aquellos que han luchado por amarse a sí mismos, a los demás y (a veces) a Dios. Quiero que sepas... que vosotros importáis. Escribir este libro ha sido un viaje laborioso. Estoy especialmente agradecida con mi familia. A lo largo de mi vida, vosotros habéis sido parte esencial de mi viaje. Me habéis desafiado a ser la mujer fuerte que soy hoy. Mamá, me has enseñado a mantener la cabeza en alto... pase lo que pase. Michael y Matthew, estoy orgullosa de llamaros hijos míos. A mis hijos e hijas espirituales, gracias por toda la ayuda que me habéis dado con papá y el perro mientras yo trabajaba en estas páginas. A "Mongo", mi compañero, mi amigo, mi esposo... Te amo MÁS.

Prólogo...

EL FACTOR "ESO"... SÉ AUTÉNTICO

A menudo, las lecciones importantes de la vida se comprenden realmente mucho después de que ocurran. Gran parte de lo que sé sobre la vida y los negocios lo he aprendido de dos chicos jóvenes que querían ganar dinero. Un día de primavera en Florida, miré por la ventana de la cocina y vi a mis dos hijos pequeños recogiendo cosas y metiéndolas en una caja de zapatos. Con curiosidad, grité y les pregunté:

—Chicos, ¿qué hacéis?

Con un ligero acento sureño, respondieron a coro:

—Estamos recolectando ranas. ¡Vamos a venderlas y a ganar mucho dinero!

La profesora que hay en mí decidió que era un buen momento para dar una lección de economía, así que les llamé a la entrada y me senté con ellos. Tras examinar su magnífica colección de ranas arbóreas, les pregunté:

—¿Qué vais a hacer con estas ranas si nadie las compra?

Sus rostros se arrugaron mientras reflexionaban sobre la absurda idea de que, tal vez, no todo el mundo compraría sus ranas.

—Bueno... Podríamos quedárnoslas, mamá.

Me lo pensé por un momento y finalmente respondí:

—Sí, podríais, pero tendrán que vivir en el patio trasero.

No les hizo mucha gracia la idea, ya que, a los chicos (que se parecen a las babosas, los caracoles y las colas de los perritos), les gusta atesorar sus bichos en la casa.

Tratando de redirigir su decepción y fomentar en ellos el espíritu emprendedor, les tendí la caja de ranas y les dije:

—Chicos, me encanta la idea de que queráis trabajar y ganar dinero. Sin embargo, existe algo llamado "oferta y demanda". Lo que tenéis que hacer es encontrar algo que la gente quiera. Cuando la gente quiere algo, la demanda sube y lo compran.

Después de mucho deliberar, mis hijos de ocho y nueve años concluyeron que todo el mundo quiere galletas caseras con trocitos de chocolate. No solo era ese el momento oportuno para una lección de matemáticas (las recetas son estupendas para enseñar fracciones), sino que, además, ¡yo estaba más que encantada de liberar a esas pobres ranitas!

Los chicos me contrataron para ayudarles a preparar las galletas de su nuevo negocio. Todos nos arreglamos, nos pusimos los delantales y nos pusimos manos a la obra para duplicar la receta de Tollhouse. Al cabo de unas horas, terminamos el proceso de medir, mezclar y hornear, ¡y la casa/fábrica tenía aroma a dinero!

Metieron cuidadosamente cuatro galletas de tamaño mediano en cada bolsita Ziploc y cargaron estas en su pequeña carretilla roja. Luego, nos sentamos a la mesa del comedor y nos pusimos a trabajar en la difícil tarea de determinar el coste de hacer las galletas comparado con el margen de ganancias previsto. Al final, los chicos decidieron que 0,5 $ por bolsita era un precio justo para su producto (a finales de los años 80, era un precio razonable).

Luego, nos tomamos unos minutos para vestirnos de una manera que la gente querría ver en un vendedor que toque a su puerta. Los chicos decidieron que sería mejor que no me acercara a las puertas con ellos, sino que mi nuevo trabajo consistiría en tirar de la carreta y esperar en la calle. ¡Rezamos por una bendición para el negocio y nos fuimos!

La señora de la primera casa a la que se acercaron les dio 1 $ por la bolsita de galletas. Sin que yo lo supiera (ya que estaba en la calle, desde donde no escuchaba), el precio de las bolsitas de galletas acababa de subir a 1 $. Casa tras casa, la gente pagaba 1 $ por cada bolsita de galletas (yo solo pensaba que estaban siendo generosos).

Entonces, tras promocionar las galletas en una casa, la señora les dio 2 $ por la bolsita de galletas. Una vez más, sin que yo lo supiera, el precio de la bolsa de galletas acababa de subir a 2 $.

Subimos por una calle y bajamos por otra. Sin embargo, cuando los chicos se acercaron y tocaron la puerta de esta casa en particular, no hubo respuesta. Así que volvieron a tocar. Tampoco hubo respuesta. Les grité:

—¡Vamos, chicos, evidentemente no hay nadie en casa!

Mi hijo menor, Matthew, se volvió y gritó:

—¡Mamá, oigo que hay alguien adentro! —y golpearon la puerta de nuevo.

Acercándome, les susurré en voz alta:

—¡Chicos! Vámonos... Vamos a la siguiente casa.

Obviamente agitado, Matthew se volvió de nuevo hacia mí y me dijo en voz alta:

—Mamá... Hay gente ahí dentro. ¡Puedo oírlo! —y nuevamente golpearon la puerta.

Para entonces, ya podía escucharlo. Tras trocar la puerta varias veces, esta se abrió y apareció un hombre, no muy feliz, envuelto en una toalla. Mis hijos entraron inmediatamente en acción. Mostraron y señalaron con orgullo sus bolsitas de galletas caseras con trocitos de chocolate y prosiguieron con su discurso de venta.

—Señor, mi hermano y yo llegamos a la conclusión de que todo el mundo quiere galletas caseras con trocitos de chocolate. Hoy, hemos preparado estas frescas galletas y pueden ser suyas por solo 2 $ la bolsa —«¿2 $ la bolsa?», pensé para mis adentros—. ¿Cuántas bolsas quiere?

El hombre, disgustado, les miró y dijo:

—No tengo dinero —y los despachó, cerrando la puerta.

Mi hijo, sin embargo, metió el pie en la rendija de la puerta y, con la mano que tenía libre, la empujó para abrirla. Con valentía, dijo:

—Señor. Mi padre suele tirar dinero al suelo en el coche. Apuesto a que, si buscamos en su auto, encontraremos 2 $.

Yo estaba muerta de vergüenza. El hombre, sin embargo, estaba impresionado. Antes de yo darme cuenta, los chicos habían llevado a este hombre envuelto en una toalla a su coche mientras ellos buscaban cambio en el suelo. Al final, encontraron 2 $ y el hombre recibió su bolsita de galletas caseras con trocitos de chocolate.

Quisiera poder decir que seguí animando a estos dos jóvenes emprendedores después de aquello. En cambio, esa joven mamá fracasó estrepitosamente en su intento de ganar el premio a la mamá del año. Cerré el negocio, avergonzada por la desfachatez de mis hijos. Pasaron años antes de que me diera cuenta de las valiosas lecciones que aprendí de dos de los mejores jóvenes de mi vida. Me enseñaron cosas como:

- Que, si el mercado está dispuesto a pagar 2 $ por una bolsita de galletas, entonces la vendes a 2 $.
- Que un "no" no es un rechazo.
- Encuentra la manera. El que quiere puede.
- Persiste.

Algunos nos rendimos demasiado pronto. Nos encontramos con un obstáculo y nos desanimamos. Así fue el periplo de doce años escribiendo este libro a temporadas. El sueño inicial fue plantado en mí a los dieciséis años. Ya entonces, sabía que Dios quería que enseñara a la gente que sus vidas importan. A Él le importa "eso": que aprendamos a ser sinceros con nosotros mismos, sinceros con los demás y sinceros con Él.

Cuarenta años después, derramo por fin mis últimas palabras en estas páginas. Tardé toda una vida en aprender algunas de las lecciones, quizá porque necesitaba confiar en el valor del haberse quebrado. En el camino, sin embargo, he descubierto que la gente que se quebrado "huele" bien. Rara vez confío en alguien que no se haya quebrado antes.

Obtuve otras lecciones de quienes recorrieron las montañas de la dificultad antes que yo. A vosotros, os debo la vida. Las muchas veces que quise abandonar, vuestras palabras garabateadas en las páginas de mis viejas Biblias y en trozos de papel guardados aquí y allá me han servido de soporte. En este libro, he hecho todo lo posible por reconocer el mérito de quienes han influido en lo que soy hoy. Si no he descrito tu trabajo a tu nombre, te pido las más sinceras disculpas. Había muchas viejas notas garabateadas en las páginas de mis Biblias que simplemente no incluían autor. Aunque cada una de tus palabras está registrada en el Cielo, deseo sinceramente reconocer tu mérito también. Contáctame (www.bobettestubblefield.com) y haré todo lo posible por corregir mi error.

Si este libro te ha ayudado a encontrar ese lugar en el que puedes vivir de forma holgada, abierta y libre contigo mismo, con los demás y con Dios, también me gustaría conocer tu viaje hacia la "realidad". A Dios realmente le importa la forma en que vivimos. Sin decir una palabra, la gente debería ser capaz de ver cómo interactuamos con los demás y, basándose en ello, conocer toda la historia del Evangelio.

"Eso" que es tu vida dice mucho a los que la leen.

El factor "eso"... Sé auténtico

CAPÍTULO UNO

"Amados, amémonos unos a otros, porque el amor es de Dios,
y todo el que ama es nacido de Dios
y conoce a Dios".

1 Juan 4:7 (LBLA)

Jesús tenía una manera única de enseñar a sus discípulos verdades espirituales profundas a través de situaciones prácticas de la vida real e historias como el hijo pródigo, el banquete de bodas y las diez vírgenes. No se limitó a contarles historias con fines de entretenimiento, sino que las convirtió en imágenes reconocibles asociadas a tradiciones cotidianas para que la gente las recordara. Las aplicaciones espirituales estaban pensadas para los aspectos prácticos de esta vida, pero también para enseñarles algo más grande, algo más allá de ellos mismos.

Yo lo llamo el Factor "eso". "Eso" es más grande que yo. "Eso" es más grande, más elevado y más inclusivo que mi pequeño mundo. Yo soy limitado, pero "eso" lo abarca todo. A veces, no sabemos exactamente qué es "eso". Por ejemplo, "eso" a menudo me mantenía bajo control cuando era joven, porque no quería que me dieran "eso" al llegar a casa. No sabía lo que "eso" era, ¡pero desde luego no lo quería! Mucho más adelante, como madre, amenacé a mis hijos con darles "eso" si no se comportaban.

"Eso" es el algo que lo incluye todo. "Eso" te atrae hacia esa pequeña mirilla en la valla que rodea tu vida y te invita a mirar más allá. "Eso" es tu forma de escapar cuando el árbol no te deja ver el bosque. "Eso" es el PANORAMA GENERAL.

Cuando la vida me acorrala y no puedo ver más allá de mi propio dolor, rezo para poder ver "eso": las cosas que suceden a mi alrededor, a través de los ojos de Dios. "Ayúdame a conseguir 'eso', Señor. Hay algo más grande en esta situación que me está aplastando. Ayúdame a ver 'eso'". Nueve de cada diez veces, Él me lleva a esa mirilla espiritual y me da un vistazo de lo que Él ve. Por supuesto, hay veces que Él no me lo muestra, ya sea porque no necesito realmente saberlo o porque estoy siendo demasiado necia en mi dolor. Con el tiempo, sin embargo, he aprendido que hay ciertos asuntos que son muy preciados para Él y que a Él no le importa mostrarme lo que está pasando en el Panorama general o en el Gran esquema.

Uno de los asuntos más preciados para Él es el de las relaciones y el matrimonio. Pablo, en Efesios 5:32-33 afirma: "Grande es este misterio, pero yo digo esto con respecto a Cristo y a la iglesia. Por tanto, cada uno de vosotros ame…[1]".

En lo que respecta a las relaciones, existe en efecto un panorama general/más amplio. Nuestras vidas cuentan una historia más amplia a los que nos observan y escuchan. Mi vida quedó eternamente marcada por las acciones de un hombre, en un momento concreto, un día de invierno inusualmente cálido en el suroeste de Georgia…

Mi esposo Jesse y yo nos habíamos mudado recientemente de Seattle y estábamos encantados de haber comprado una antigua casona de plantación en las afueras de Cairo, "la ciudad de la hospitalidad" de Georgia. Fue construida en el siglo XIX y los más viejos dicen que fue una de las primeras de la zona. Con el paso del tiempo, sin embargo, los dueños de la propiedad fueron vendiendo trozo por trozo hasta que, finalmente, bordeó la ciudad en un gran terreno. Para nosotros, fue como probar un dulce trocito del Sur. ¡La propiedad conservaba las antiguas habitaciones de servicio, la arquitectura del siglo XVIII y un ENORME pacano! ¡Esa primera temporada, produjo las mejores pacanas que jamás había probado! ¡Estaba encantada!

Las dos temporadas siguientes, sin embargo, el árbol no produjo nada, ¡excepto un DESORDEN perpetuo! (Siempre puedo distinguir a los sureños cuando hablo de esto porque comienzan a asentir con la cabeza). Cuando llega la primavera y el árbol comienza a vestirse para el verano, los amentos (flores masculinas pistiladas, ligeras como el aire y con forma cilíndrica de 3 a 4 pulgadas) cubren el árbol a la espera de que los vientos de marzo las lleven en un viaje de polinización hacia los "capullos" femeninos pistilados en forma de estrella. Durante semanas, cualquiera que viva cerca de un pacano barre, rastrilla o sopla millones de estos amentos, que cubren vehículos, entradas y patios. Cuando termina la época de polinización masculina, el árbol expulsa los pistilados femeninos vírgenes en forma de estrella. Hay un breve respiro hasta finales del verano, cuando el árbol empieza a perder sus hojas y/o frutos. La nuez está encerrada en una cáscara gruesa y verde que se vuelve negra y se divide en cuatro partes al alcanzar la madurez. Por cada nuez, cuatro antiestéticas cáscaras ensucian el suelo. Una vez más, el propietario limpia escombros (hojas y cáscaras) mientras recoge la fruta de la temporada.

Ni que decir tiene que me alegré mucho cuando llegó el otoño y el árbol quedó desnudo esa tercera temporada. Hasta que aparecieron los pájaros ese año. Una gran bandada de mirlos hizo de aquel árbol, que daba sombra a nuestra entrada y puestos de estacionamiento, su hogar para el invierno. No habría estado tan mal, pero comían bayas rojas en alguna parte, luego se posaban sobre los puestos de estacionamiento, ¡y dejaban caer excrementos rojos que parecían de hormigón sobre todo mi coche!

Y no es como si yo condujera algún coche lujoso o sofisticado. Mi coche tenía 13 años y era un Oldsmobile de 1988 que mi Padre biológico me había regalado un par de años antes para ayudarnos a recuperarnos después de que un conductor ebrio sin seguro atropellara a mi esposo (lo cual es una historia para otro momento). Cuando nos lo regalaron, realmente necesitaba una mano de pintura, así que Jesse reunió todo el dinero que pudo y pagó un bonito trabajo profesional con pintura bermellón. A mis ojos, era hermoso. Yo apreciaba el coche y lo cuidaba mucho, y Jesse lo sabía, así que siguió prometiéndome que lo lavaría.

Por aquel entonces, yo trabajaba a jornada completa y mi esposo dirigía una empresa y ejercía de pastor a unos 48 kilómetros de distancia, en Tallahassee. Cuando no lo necesitaba la empresa, la iglesia lo ocupaba seis o siete días a la semana. Nuestras agendas estaban repletas y, a veces, la simple tarea de lavar un coche suponía un acontecimiento importante en nuestras vidas.

Pero un sábado, un día de invierno inusualmente cálido, terminé todas las tareas domésticas y sentí el deseo de pasar algún tiempo al aire libre. Al mirar por la ventanilla, mis ojos se posaron sobre aquel coche horriblemente sucio. Fue entonces cuando decidí ayudar a mi esposo, que en aquel momento estaba en Tallahassee atendiendo asuntos de la iglesia. Así que cogí la manguera, llené un balde de agua jabonosa y empecé a mojar el coche con diligencia. Cuando lo consideré suficientemente mojado, procedí a frotar esos pegotes que, en mi opinión, parecían hormigón. No cedieron. Así que empapé el coche a fondo nuevamente. Aun así, no se ablandaban los pegotes lo suficiente como para despegarse.

Entonces, tuve una gran idea. ¡Sabía lo que eliminaría esos pegotes rebeldes! Entré corriendo en casa y cogí mi pequeño "estropajo" verde que estaba junto al fregadero de la cocina (lo sé, lo sé; ¡en todas las conferencias en las que he participado, esta es la parte en la que todos los hombres sueltan un gemido!). Y efectivamente, en cuestión de segundos, ¡había retirado el primero de los cientos de pegotes de hormigón rojo!

Una vez hecho eso, acerqué la manguera y froté suavemente cada uno de los pegotes rebeldes. Empecé por el capó, seguí por la parte superior y, finalmente, trabajé el maletero. Justo cuando despegué el último, miré hacia arriba y vi a Jesse entrar en coche. Llena de júbilo, me paré orgullosa por la parte trasera del coche, extendí las manos y dije:

—¡Cariño, mira lo que hice!

La expresión que apareció en su rostro NO fue positiva. No había ni una pizca de "¡bien hecho!" en ella. Vacilante, me volví hacia el coche y asimilé lo que veía. En ese momento, el vehículo había empezado a secarse y, al mirarlo de un lado a otro, vi lo que él veía: ¡literalmente CIENTOS de pequeños círculos blancos, áreas en las que había removido la pintura!

Hubo un momento, aunque breve, en que nos quedamos sin habla y pareció que el mundo se detenía. Mi mente se aceleraba con mil pensamientos y mil palabras. Podía oír las palabras de todos los hombres que habían pasado por mi vida hasta entonces... «¡Nunca llegarás a nada! ¿Me oyes? ¡No eres nada! ¡Eres una estúpida! ¡Tú eres el problema! ¡No vales nada...!». Y me preparé. «Aquí viene... Aquí viene...», pensé. Bajé la cabeza y esperé.

Lo que hizo mi esposo todavía me hace llorar. Caminó en mi dirección y se detuvo frente a mí. Con cuidado, me levantó la cabeza para poder mirarme a los ojos. Entonces, dijo las palabras más cariñosas que jamás había oído:

—Quizá se corrija puliéndolo.

Un dique se rompió en algún lugar profundo de mí. Me abrazó mientras yo lloraba profusamente. Ninguno de los dos lo sabía en ese momento, pero Dios tomó ese simple acto de una buena acción que salió mal y lo convirtió en una de las grandes lecciones espirituales de la vida.

Por primera vez en mi vida (y entonces tenía casi 40 años), vislumbré al "Abba Padre"; no al juez condenador que espera a que meta la pata, ¡sino al Abba que me ama de verdad! Aquel incidente allanó el camino hacia una relación sana entre mi Padre y yo, una relación que no se basa en el rendimiento ni se deriva del miedo. A través de las acciones de mi esposo, ahora conocía la Gracia.

Aquel día, mientras me asomaba por una pequeña mirilla en la valla que rodeaba mi vida, vislumbré "eso": el panorama general. Dios utilizó a un hombre, un recipiente humano, para representarse a Sí mismo y ofrecerme una relación sana. Toda la escena fue un medio para sanar mi corazón roto, reparar la relación y abrirme los ojos para poder ver una historia más amplia. Hasta ese momento, siempre había asumido que las relaciones y el matrimonio eran una lista de cosas por hacer y cosas para no hacer, y que, si lo hacíamos todo bien (es decir, si él me amaba como Cristo ama a la Iglesia y si yo le respetaba...), Dios estaría contento y tal vez incluso bendeciría nuestro hogar. La relación era exclusiva y privada y era vigilada por un Dios muy distante y crítico.

Sin embargo, tras el incidente de la buena acción que salió mal, pude echarle un vistazo a algo más amplio, más inclusivo. Pasé siete años buscando respuestas y doce escribiendo este libro. Espero que te unas a mí en la mirilla mientras descubrimos el Factor "eso" en las relaciones.

Al principio...
CAPÍTULO DOS

"Entonces el Señor Dios formó al hombre [el ser humano] del polvo de la tierra, y sopló en su nariz el aliento de vida; y fue el hombre [el ser humano] un ser viviente. Y plantó el Señor Dios un huerto hacia el oriente, en Edén; y puso allí al hombre [al ser humano] que había formado".

Génesis 2:7-8 (LBLA)

Ven conmigo a esa valla llamada "vida" y caminemos cerca del principio. Sé que a Dios no le importará que le echemos un vistazo a su diseño original. Busca una mirilla cómoda. Parece que hay unas cuantas, por allí, ya que no somos los únicos que intentamos echar un vistazo a lo que Dios se trae entre manos; innumerables creaciones angelicales también sienten curiosidad.

Con el amanecer de este nuevo día, ¡todos en el cielo quieren saber qué es lo que Elohim, el Creador, se trae entre manos! Susurran entre ellos acerca de Su obra anterior: la creación de los cielos, con el sol, la luna y las constelaciones, así como la formación de la tierra, regulada por la compleja simplicidad de la naturaleza. Para ellos, el interés del Creador en este reino terrestre es fascinante. Su minuciosidad con cada detalle, desde el microbio más pequeño hasta la refinada rotación alrededor del sol, tiene a todos preguntándose qué será lo siguiente.

Mientras miramos la espalda del Creador, que está inclinado sobre Su nuevo proyecto en la tierra salvaje azotada por el viento, podemos oír susurros a lo largo de la valla...

—¿Qué crees que hará?

—No lo sé. Pero, sea lo que sea, supongo que lo está guardando para alguna gran presentación.

—Se ve un poco... agotado. Después de todo, acaba de terminar de construir un mundo físico, incluyendo los cielos y una tierra llena de vida...

—¡Y esa vida tiene la capacidad de reproducirse!

—¿Tú crees que se ve agotado?

—Sí. Pero, más que cansado, se ve... pues... *trabajado*.

—Sí parece estar trabajando mucho más duro en *este* proyecto.

—Y mirad Sus manos: están cubiertas con la tierra con la que está dándole forma a este.

—No solo Sus manos, ¡sino que *Él* mismo está cubierto con la sustancia de la que este está hecho!

—¡Mirad! Está haciendo una forma con las manos...

—Chitón.

Observan intensamente, con los ojos pegados a las mirillas, cómo el Padre pone gran cuidado en la creación de esta criatura. Tras una breve pausa, reanudan los susurros...

—Parece más o menos de Su tamaño.

—Definitivamente está haciendo este con mucho cariño.

—¡Silencio! Está determinando su... *propósito*.

—Escuchad Sus soplidos.

—Es lo profundo llamando a lo profundo con sonidos impronunciables.

—¡Mirad! ¡Está sacando algo de... Sus adentros!

—¡Sí, parece que está sacando elementos de Sí mismo y los está *metiendo* en esa criatura!

—¡Callaos todos! Sea lo que sea que Él esté creando, le está tomando mucho esfuerzo. Parece que ha puesto todo Su corazón en...

—¡Esperad! ¿Qué hace ahora?

Hay una larga pausa mientras observan al Dios Todopoderoso inclinarse sobre la creación. Su Espíritu sobrevuela la figura por un largo rato.

—Tiene esa mirada otra vez.

—Sí, pareciera que *añora* algo... No, creo que añora... *a alguien.*

—Le he visto esa mirada antes.

—No dudo que Él nos ame, pero, creo que hay alguien a quien Él desea más íntimamente. Alguien más... *como Él.*

Se alejan de las mirillas brevemente y se miran entre ellos.

—Eso solo puede significar...

—Que lo que está sacando de sus adentros no solo tiene Sus cualidades y Su apariencia. sino que... ¡como Él, este tendrá libre albedrío!

—¡Esta criatura, sea lo que sea, tendrá la libertad de elegir!

—Y de soñar, crear, expresarse...

—...y... ¡tendrá libre acceso al Creador!

—¿Qué *es* esa criatura?

—¿*Quién* es esa criatura?

Cuando vuelven a mirar a través de la valla, ven cómo el Creador toma con amor ambos lados de la cabeza de la criatura y, desde las profundidades de Su Espíritu, sopla vida en las fosas nasales de la forma inmóvil. Los ángeles aguantan la respiración, a la expectativa.

¡Súbitamente, la criatura despierta, toma una bocanada de aire y se sacude! La angelical hueste da un salto atrás, intercambia miradas de sorpresa y luego se apresura a regresar a los miraderos.

Todavía frente a este "ser", el Padre se arrodilla, toma su apéndice en el Suyo, lo levanta y lo sienta. Se miran. El Padre debe tener una gran sonrisa mientras la criatura contorsiona su rostro tratando de imitar al Creador.[2]

El Padre echa la cabeza hacia atrás y, de Su vientre, brota una carcajada que suena como la melodía de todos los seres y de todos los tiempos juntos. Hecho eso, ayuda a Su creación a ponerse en pie. Se voltea entonces y da la cara a la multitud de seres angelicales que ansiosamente miran a través de las mirillas. Con una fuerte voz, declara:

—Os presento la última de mis creaciones: ¡Adán!

Al principio, se oye una sonora carcajada, pues "Adán" significa literalmente "hombre". Para los ángeles, eso suena como "Os presento... ¡el hombre del humus o, más literalmente, el terrícola de la tierra, o la criatura de tierra hecha de tierra!"

Adán y el Padre se miran con amor. Los ángeles comprenden ahora la enormidad y el significado de esa creación: Adán. Y, con un fuerte resonar y aplausos, la hueste celebra y canta sus alabanzas al Todopoderoso, Creador del cielo y de la tierra.

"Entonces el Señor Dios formó al hombre [al ser humano]
del polvo de la tierra, y sopló en su nariz el aliento de vida;
y fue el hombre [el ser humano] un ser viviente. Y plantó
el Señor Dios un huerto hacia el oriente, en Edén; y puso
allí al hombre [al ser humano] que había formado".

Génesis 2:7-8 (LBLA)

Uno de los detalles que fácilmente se pasan por alto es el hecho de que el primer hombre, Adán, fue creado en la tierra salvaje, fuera del Jardín. ¿Te has preguntado alguna vez cuánto tiempo estuvo en la montañosa tierra salvaje? Génesis 2:8 dice que Dios plantó un jardín y *luego* puso a Adán en el jardín. ¿Cuánto creció el jardín antes de que Él mostrase a Adán su nueva casa? ¿Estaba ya establecido y los árboles daban buenos frutos? He leído relatos de algunos teólogos que afirman rotundamente que cada día de la creación fue un período literal de veinticuatro horas y que, por tanto, en cuestión de horas, Adán fue creado y puesto inmediatamente en un jardín ya preparado. Yo, no obstante, me inclino a pensar que *lo plantaron*, como lo indica Génesis 2:8 claramente, y que cada planta creció tal y como lo hacen hoy en día. Entonces, cuando estaba presentable, como regalo para Adán, Dios lo llevó para allá. Para corroborar aún más este retraso en el desierto, Génesis 2:8 afirma que el Jardín del Edén es *el lugar donde* Él finalmente puso al hombre. Génesis 2:9-14, sin embargo, describe *cómo* Dios plantó el jardín, donde puso a propósito el árbol de la vida y el árbol del conocimiento del bien y del mal, y los ríos que fluyen fuera del jardín (en Génesis 1:11-12, también se detalla *cómo* de la tierra brotó vegetación con semillas portadoras de su especie). Por último, Génesis 2:15 dice: "**Entonces,** el Señor Dios tomó al hombre y lo puso en el huerto del Edén...". Conociendo a Dios Padre, creo que Él quería sorprender a Adán y presentarle un hermoso nuevo hogar que apreciaría tras vivir en la tierra salvaje.

Para apoyar esta afirmación, Génesis 2:15 continúa: *"Entonces, el Señor Dios tomó al hombre y lo puso en el huerto del Edén, para que lo* **cultivara** *y lo* **cuidara**". En hebreo, "cultivar" se dice "abad", que en pocas palabras significa "trabajarse". Ya tenía que haber habido algo ahí que pudiera "trabajar" y "cuidar".

Así que, ¿cuánto tiempo pasó Adán en la tierra salvaje? ¡Creo que el tiempo suficiente para descubrir qué significa ser hombre! Ese hombre-niño (¡todos tenemos ese niño o niña dentro de nosotros!) no solo necesitaba descubrir quién era y su valor ante los ojos de su Padre, sino que necesitaba entrenamiento sobre cómo ser un hombre de verdad. Casi puedo oír los gritos de Adán al mostrarle a Dios lo rápido que podía correr de este montículo a aquella loma, ¡o cómo fue capaz, tras unas cuantas caídas, de escalar la ladera de aquella montaña! No me imagino a Adán siendo blando descoordinado. En ese terreno abrupto, pudo perfeccionar sus músculos, desarrollar coordinación y aprender a vivir en un entorno que le superaba. La vida al aire libre te hace eso. No has ido a pescar o a acampar en los últimos años, inténtalo de nuevo. Hay algo especial en levantarse una mañana fría, saborear una taza de café caliente preparado en una fogata, y escuchar el canto de los pájaros. De repente, los problemas de la vida no parecen tan grandes, y la creación lleva a nuestras mentes hacia el Creador. Nuestra forma de pensar cambia del *yo* (cuánta presión siento, cuánto dolor siento, cómo me trata la gente) a cuán grande es Dios y cómo Él me ha puesto aquí como una parte integral de Su creación. De alguna forma, en esos momentos, el "conocedor" en nosotros nos confirma que pertenecemos a Su gran plan y que tenemos un propósito, aunque solo sea *estar* vivos.

Dios le dio a Adán un propósito después de su entrenamiento en la tierra salvaje. Génesis 2:15 dice: *"Entonces, el Señor Dios tomó al hombre y lo puso en el huerto del Edén, para que lo cultivara y lo cuidara"*.[3]

¡Dios amó tanto a ese hombre que hasta le dio un PROPÓSITO! Según el *Webster's Dictionary* (Diccionario de Merriam-Webster), si algo no tiene propósito, no tiene objetivo. El propósito que nos da Dios a cada uno de nosotros tiene como objetivo que *trabajemos* en pos de *algo* para que nuestra vida tenga significado. El jardín no fue creado para servir al hombre, sino para que el hombre lo trabajara. ¡Le dio al primer hombre un TRABAJO! Según la Palabra, Dios es quien da todo lo bueno; por ende, el trabajo es bueno. Eso hay que apuntarlo. Si hace falta, escríbelo mil veces: ¡EL TRABAJO ES BUENO!

Dios también nos dio otra cosa buena: estableció límites. Hace años, escuché de un estudio en el que los investigadores examinaron los patrones de juego de niños pequeños. Si el espacio de juegos tenía una valla, los niños usaban TODA el área y hasta se montaban en la valla. No obstante, cuando removían la valla, los niños se apiñaban en el centro del área, ya que les habían quitado la protección. Necesitamos límites en nuestras vidas, nos mantienen seguros.

Por ende, tras determinar un propósito para hombre, Dios estableció algunos límites. Génesis 2:16 dice: *"Y ordenó el Señor Dios al hombre, diciendo: 'De todo árbol del huerto podrás comer, pero del árbol del conocimiento del bien y del mal no comerás, porque el día que de él comas, ciertamente morirás'"*.[4]

Tomemos en cuenta que el Señor no dijo "...*si* comes de él...", sino "...porque el día *que de él comas*...". Desde la creación de la tierra, Dios sabía que el hombre cruzaría ese límite y comería del árbol. ¿El hombre tuvo elección? Claro que sí. Pero Dios, el omnisciente, quien ve el comienzo y el fin, nos conoce mejor que como nosotros nos conocemos a nosotros mismos. Él conoce íntimamente nuestra composición de ADN, patrones de pensamiento, circunstancias, hábitos, niveles de curiosidad y todo lo demás que determina nuestras elecciones. Decir que nuestro destino está escrito solo significa que Él, que lo ve todo, sabe de antemano lo que vamos a elegir. Por eso es que el cruce de ese límite no tomó a Dios por sorpresa, y ya estaba trabajando en un plan de redención para "...el día *que de él comas...*". La prueba de esto está en Apocalipsis 13:8, que dice: *"Y la adorarán [a la bestia] todos los que moran en la tierra, cuyos nombres no han sido escritos, desde la fundación del mundo, en el libro de la vida del Cordero que fue inmolado **antes** de la creación del mundo".*[5]

Un análisis del texto en hebreo del Génesis 1:1 confirma la disposición de Dios mucho antes de que Jesús fuera completamente hombre. Traducido, dice: *"En el principio, creó Dios los cielos y la tierra"*. Estratégicamente situadas en la primera línea de las escrituras en hebreo, se encuentran las letras hebreas "aleph" y "tav" (alfa y omega, expresión que significa todo el alfabeto, con las que Jesús se identificó en Apocalipsis 22:13). Las palabras "aleph" y "tav" aparecen entre las palabras "Dios creó" y "los cielos". Por ende, dice literalmente: *"En el principio, creó Dios 'aleph' y 'tav', antes de crear los cielos y la tierra".*[6]

Los estudios sobre este versículo explican que, al juntar "aleph" y "tav", se crea una palabra que no tiene un significado que se pueda traducir correctamente. Sin embargo, si estudiamos los textos antiguos, encontramos que el alfabeto hebreo estaba originalmente compuesto por pictogramas. El pictograma de "aleph" es un buey, animal utilizado a menudo en los sacrificios. El pictograma de "tav" es una cruz, ¡y significa marca, señal, propiedad, la unión de dos cosas y un pacto! Por lo tanto, ¡Dios planeó una ofrenda sacrificial que está sellada con Su Sangre mucho antes de que el hombre cruzara ese límite y se acarreara la muerte a sí mismo!

Así que, teniendo en cuenta la seguridad que proporcionan los límites, leamos este versículo en su contexto:

Génesis 2:16-20 (LBLA):

> "Y ordenó el Señor Dios al hombre [al ser humano], diciendo: 'De todo árbol del huerto podrás comer, pero del árbol del conocimiento del bien y del mal no comerás, porque el día que de él comas, ciertamente morirás'. Y el Señor Dios dijo: 'No es bueno que el hombre [el ser humano] esté solo; le haré una ayuda idónea'. Y

el Señor Dios formó de la tierra todo animal del campo y toda ave del cielo, y los trajo al hombre [al ser humano] para ver cómo los llamaría; y como el hombre [el ser humano] llamó a cada ser viviente, ese fue su nombre. Y el hombre [el ser humano] puso nombre a todo ganado y a las aves del cielo y a toda bestia del campo, mas para Adán [el ser humano], no se encontró una ayuda que fuera idónea para él".

Tomemos en cuenta que, después de que el Señor estableció límites para el hombre, puso entonces en palabras Su siguiente pensamiento. Su idea era hacer otro ser humano para el hombre, ya que no era bueno para el hombre estar solo. Pero, ¿creó Él otro humano inmediatamente? No. Dios Padre comenzó a trabajar en Su plan. En lugar de crear a la contraparte del hombre, el Señor eligió, por su cuenta, animal por animal, *todo animal del campo y toda ave del cielo, y los trajo al hombre...*".

❦

En el capítulo uno, describí brevemente la hermosa y antigua casona de plantación que habíamos comprado en el sur de Georgia. Cuando compramos esta casa, era blanca con adornos rosas (como te puedes imaginar, mi esposo dijo que era demasiado "femenino" y que parecía una casa de muñecas) y todo el interior estaba pintado de blanco liso. Cuando la casa fue finalmente nuestra, la recorrimos mientras compartíamos nuestras ideas: "esta pared hay que quitarla", "esta alfombra hay que levantarla", "esto se pintará de tal y tal color...". Ahora bien, nada de eso ocurrió inmediatamente. Para hacerlo bien y que tuviera un efecto completo después, había que hacer otras cosas antes (ahorrar dinero, comprar materiales, armonizar colores, actualizar la instalación eléctrica, etc.).

Expresamos nuestras ideas; luego las hicimos realidad de forma ordenada. En cuestión de años, pudimos disfrutar de nuestra casa remodelada: verde musgo con adornos blancos, amplias habitaciones con arcos y columnas, suelos de madera restaurados y colores vivos por todas partes. Nos llevó tiempo, pero lo formamos con nuestras manos.

Lo mismo ocurre con nuestro Padre. Él puso una idea en palabras, y luego, se ocupó de las cosas que enriquecerían la experiencia de presentarle otra persona al hombre. Primero, el hombre tenía que llegar a estar *desesperado* por conocer a alguien como él.

Así que Dios se puso inmediatamente a trabajar y escogió por su propia cuenta y le presentó al hombre todo animal del campo y toda ave del cielo que había formado de la tierra. Yo he escuchado toda mi vida que Dios solo habló y ocurrieron las cosas. ¡Puf! Y aparecieron como por arte de magia. Aunque creo firmemente que Él es plenamente capaz de hacer eso mismo, me consuela más saber que es un Dios participativo. David, en el Salmo 139, declara: "Porque tú *formaste* mis entrañas; me *hiciste* en el seno de mi madre. Te alabaré, porque asombrosa y maravillosamente he sido *hecho*". Génesis 2:7 dice que Él *formó* al hombre. El significado en hebreo del verbo "formar" quiere decir que Él nos dio una forma para determinar nuestro propósito.

Que Dios haya trabajado escogiendo, por su propia cuenta, a cada animal particular que Él había formado del polvo de la tierra, para luego presentárselo orgullosamente al hombre, llevó su tiempo. Además, el hombre tenía que estudiar los hábitos alimentarios individuales, las características y los manierismos de un animal antes de poder ponerle nombre. ¡Las responsabilidades laborales del hombre habían incrementado! No solo era responsable por cultivar y cuidar el jardín. Se había vuelto también un "acuñador de nombres de animales". ¡Todo eso llevó tiempo! ¿Cuánto tiempo? No lo sé. Pero fue suficiente tiempo para que Adán (el hombre) se sintiera desesperado por encontrar pareja propia, ya que ninguna criatura era apropiada para él.

La palabra en hebreo que se usa para esa "pareja", "ayudante" o "ayuda" (como se le traduce habitualmente) es *"ezer k'negdo"*. *"Ezer"*, en la Biblia, generalmente se refiere a cuando la gente invocaba a Dios en los momentos de mayor desesperación. En ningún caso denota inferioridad o subordinación. De hecho, el verdadero significado de la palabra *"ezer k'negdo"* es "salvador" o "alguien que es igual o semejante". ¿No crees que, si el nuevo humano hubiera de ser gobernado por el primero, Dios lo hubiera mandado así inicialmente? Además, ¿por qué iba a crear Dios a este segundo ser humano inferior al primero? ¿La inteligencia, creatividad o personalidad del siguiente humano fueron reducidas? ¿Fueron sus sueños o ambiciones menos importantes, o inexistentes? Personalmente, JAMÁS en mi vida he encontrado a una mujer que haya soñado con ser una "ayudante" toda su vida. ¡Al revés! ¡Cuando nosotras las chicas compartimos nuestros sueños, el mundo no tiene límites! Algunas quieren ser esposas y madres. Otras sueñan con ser doctoras, abogados y dueñas de empresas. Ninguna ha mostrado el mínimo indicio de querer ser una "ayudante". No obstante, ¡TODAS desean ser una "esposa de ocho vacas"! Si no has leído el relato de Patricia McGerr publicado originalmente en la revista Woman's Day, en 1965, sobre la historia de Johnny Lingo y su esposa, Sarita, que valía ocho vacas, ¡vale la pena que la busques! Una breve sinopsis: Sarita es una chica muy hogareña cuyas posibilidades de conseguir marido son escasas, para tristeza de su padre y regocijo de las chismosas del pueblo. No hay ningún hombre en el pueblo dispuesto a pagar ni una vaca por la pobre Sarita. No obstante, un día, un guapo príncipe de una tierra lejana va al pueblo y es capaz de ver el verdadero valor de Sarita. Su regalo de ocho vacas para esta mujer cambia a todo el pueblo, incluyendo a Sarita, que ahora camina con la frente bien en alto. La narración de McGerr es una encantadora historia de nuestro verdadero valor en los ojos de Dios. ¡Las mujeres quieren valer ocho vacas!

En mi carrera profesional, he administrado empresas por más de treinta años y, cuando contrato a un ayudante, estoy cubriendo un puesto de nivel básico. Es un puesto que está en la parte inferior de la jerarquía. Puedo decir sinceramente que nunca he conocido a una persona que haya soñado toda su vida con ser *ayudante*. Sin embargo, según la opinión de muchos hombres, ¡las mujeres deberíamos alegrarnos de que Dios nos haya "creado" para ser "ayudantes"! Como mujer, eso me devalúa. Me hace sentir "inferior". Hay algunos hombres que incluso concluyen que *ellos* están hechos a imagen y semejanza de Dios, ¡pero que la mujer procede de *ellos*! No obstante, la Palabra nos asegura que "Creó, pues, Dios al hombre a imagen suya, a imagen de Dios lo creó; varón y hembra *los* creó" (Génesis 1:27).

Para que Adán (el hombre) pidiera a Dios una *ezer k'negdo* (alguien igual o semejante a él), tiene que haber estado desesperado. ¡Quería a alguien como *él!* Había pasado un sinfín de días, semanas o quizá meses o años estudiando a los animales y viéndoles cortejarse y aparearse con sus contrapartes. Hechos en imagen de Dios, los seres humanos fueron creados para estar en una relación. ¡Dios está en una relación perfecta consigo mismo! El Padre, el Hijo y el Espíritu Santo están separados, pero son uno. ¡Había algo dentro del hombre que ansiaba una relación con alguien que estuviera separado de él, pero que fuera igual o semejante a él!

> "Entonces el Señor Dios hizo caer un sueño profundo sobre el hombre [el ser humano], y este se durmió; y Dios tomó una de sus costillas, y cerró la carne en ese lugar. Y de la costilla que el Señor Dios había tomado del hombre [del ser humano], formó una mujer y la trajo al hombre [al ser humano]. Y el hombre [el ser humano] dijo: 'Esta es ahora hueso de mis huesos, y carne de mi carne; ella [esta] será llamada mujer (*Ishshah*), porque del hombre fue tomada (*Ish*)'".
> Génesis 2:21-23 (LBLA).[2]

Es la primera vez en las Escrituras que se especifica el género. A partir de entonces, el hombre es *Ish* y la mujer es *Ishshah*. Dios le presentó a *Ishshah a Ish después de que Él la formó y la preparó.* Ese fue la primera "boda". Según el *Webster's Dictionary* (Diccionario de Merriam-Webster), una boda es "unir como por vínculo matrimonial". Lo interesante es que, cuando "casas" dos piezas de metal, quiere decir que no se nota dónde termina una y dónde comienza la otra. Las dos literalmente se vuelven una. Por esta razón, el autor del Génesis consideró importante incluir el siguiente versículo en beneficio de las escrituras: *"Por tanto el hombre dejará a su padre y a su madre y se unirá a su mujer, y serán una sola carne"* (Génesis 2:24). ¡Cuán apropiado! En el principio, hubo una boda; luego, el ministerio de Jesús comenzó con una boda; y al final, ¡todo "eso" culminará en una cena de boda!

¡La vida es buena!

CAPÍTULO TRES

"...y de la costilla que el Señor Dios había tomado del hombre [del ser humano], formó una mujer y la trajo al hombre [al ser humano]. Y el hombre [el ser humano] dijo: 'Esta es ahora hueso de mis huesos, y carne de mi carne; ella será llamada mujer (Ishshah), porque del hombre fue tomada (Ish)'".

Génesis 2:21-23 (LBLA)

No hay nadie en esta tierra que pueda convencerme de que, cuando Dios le presentó la mujer a Adán, este anunció estoicamente: "Esta es ahora hueso de mis huesos, y carne de mi carne; ella será llamada mujer (*Ishshah*)...", pero he escuchado que lo prediquen de esta manera sin pasión por años. Solo recuerdo a dos Pastores (uno de los cuales es mi esposo) que NO creen que esas hayan sido las primeras palabras de Adán tras ver a su contraparte. De hecho, ellos insisten que la primera palabra fue "¡¡¡¡¡CARAMBA!!!!!". Para ir un paso más allá, incluso creo que Adán, con toda su hombría, quería que su exclamación sonara como James Earl Jones o Clint Eastwood (una voz de hombre varonil), pero mi imaginación evoca un tono que suena mucho más como... Mickey Mouse. Haber crecido en las tierras salvajes de Alaska y haber criado hijos varones certifica que tengo un poco de "conocimiento masculino". ¡Lo que sí sé es que todos los machos de las especies, ya sean caballos o gallos, intentan "pavonearse" ante las chicas! Los machos de las especies están programados para desear a la chica bonita. De todos los hombres con los que crecí, ni uno soñaba con estar con el patito feo. No. Todos soñaban, planeaban y deseaban llevar a *la* mujer hermosa del brazo. Es comunicación no verbal con el mundo: "¡Miradme! ¡Soy *alguien* porque la tengo a *ella*!" ¡Dios sabe que mis hijos actuaban como tontos cuando había chicas lindas cerca! ¡Nuestro hijo menor siempre hinchaba los músculos, sacaba el pecho tanto como podía y se pavoneaba con su actitud más "varonil" cuando había chicas cerca! ¡Él quería que ellas pensaran que él era *el* hombre!

La mujer, *Ishshah*, no solo fue una agradable incorporación al jardín, ¡sino que era *la* mujer! Ella fue la *ezer k'negdo* de Adán: ¡La persona igual o semejante a él en su momento de mayor desesperación! ¡En mi mente, me imagino a Dios gozosamente sorprendiendo a Su amigo con Su nueva creación! ¿Puedes ver al hombre? Por allí... sentado relajadamente en la mullida hierba después de su "cirugía", solo escuchando los sonidos de los pájaros que cantan en los árboles y viendo a las ardillas perseguirse unas a otras, saltando de rama en rama. Lo único que sabe es que acaba de despertarse del mejor sueño que ha tenido nunca; sin embargo, parece estar un poco sensible en un costado, así que se recuesta apoyado en el codo. Más allá de los helechos y escondida detrás de un árbol, veo a la mujer, de pie, un poco inestable, acostumbrándose a sus miembros y practicando el equilibrio. Ella oye la voz del Padre susurrar en su oído, instándola a asomarse detrás del árbol.

—¡Te presentaré a esa persona! —dice el Padre.

Sus ojos se abren de par en par y echa un segundo vistazo. El Padre, disfrutando inmensamente de eso, se ríe mientras dice:

—¡No tiene ni idea! ¡Ya quiero ver la cara que pone!

Entonces, Él mira amorosamente a su hermosa creación (más suave, blanda y un poco más pequeña que Adán) y la persuade:

—¿Te sientes preparada?

Todavía un poco inestable, ella retrocede unos pasos hacia los arbustos, practica un giro y luego regresa a su escondite. Tras respirar y aguantarse una risita, ella le dice:

—No creo que pueda hacer esto con una cara seria. ¿Puedo sonreír?

El Padre no se aguanta esta vez (Su nueva criatura es demasiado agradable) y deja escapar una carcajada.

—Claro, amada mía. ¡Claro que puedes sonreír!

Al escuchar la risa del Padre, Adán lo llama:

—¿Padre?

Ha llegado el momento. Así que el Padre, emocionado, le susurra a la mujer:

—Espera aquí hasta que te llame.

Entonces, Él sale de su escondite y pregunta a Adán:

—Amado mío, ¿has puesto nombre a algún animal nuevo hoy?

—No. Me ha ocurrido algo muy curioso: ¡Me he quedado dormido a mitad del día! ¡Y debo haberme caído, porque mi costado me duele bastante!

Levantando las cejas y con una gran sonrisa en Su cara, el Padre responde:

—Ah, ¿sí? Entonces, ¿NO has encontrado a nadie como *tú* hoy?

—No.

Adán baja la cabeza y coge briznas de hierba, levantándolas de una en una por sus esbeltos brotes.

—Padre, estoy comenzando a pensar que no hay nadie en el mundo que sea como yo. No me malinterpretes... Disfruto de nuestro tiempo juntos y me encanta hablar contigo, pero no puedo evitar querer algo *más*. ¿Me explico?

Todavía sonriendo, el Padre responde:

—¿Así que te aburren las maravillosas criaturas que he formado? Seguro los monos te divertirán. ¿Y qué opinas del ornitorrinco? ¿O del maleducado "camello", como tú lo llamas? ¿No te divierten?

—Casi todos los días. Pero, a excepción de esos molestos monos a los que les gusta arrojar cosas, todas las criaturas se dedican a cuidar de otras como ellas.

Huraño, Adán mira sin prestar atención a un trozo de hierba y deja escapar un suspiro.

—Algo en mí no puede evitar preguntarse si no habrá alguien como yo con quien yo pueda, tú sabes... —Y agita la mano señalando el paisaje—. ...compartir toda esta belleza y vivir aventuras.

—¿Así que quieres a otro ser humano?

Los ojos de Adán se iluminan al considerar la posibilidad de compartir la vida con otro ser humano, pero, para aclarar su petición, vuelve a bajar la mirada a la hierba mientras buscaba las palabras adecuadas.

—Pues, de hecho... Como tú sabes, yo... Ah... He estado estudiando a los animales y sus características. Es decir, sus... Pues... Tú sabes, sus hábitos de apareamiento. Y yo...

Adán busca seriamente las palabras adecuadas para expresar el profundo dolor de su alma. «Algo... ¿Qué era? Una sed profunda e insondable... Un profundo, profundo anhelo de unidad; una compañera a quien amar, a quien tocar y que me toque... Una compañera con quien compartir la vida, con quien reír... con quien volverme vulnerable...».

Mientras Adán lucha con sus palabras y sus profundas emociones, el Padre le hace un gesto a la mujer y ella sale silenciosamente de detrás del árbol, ¡con su GRAN sonrisa y todo! Entonces, Él irrumpe en los pensamientos de Adán y le pregunta: «Adán, ¿esta servirá?»

Perdido en su soledad, Adán pregunta distraídamente:

—¿Qué?

—Ella, Adán. ¡Mira!

El Padre no puede esperar más para la gran presentación.

Adán abre los ojos de golpe e, involuntariamente, cae a cuatro patas, sorprendido, y trata de ponerse en pie. La única palabra que escapa de su boca es un muy agudo:

—¡Caramba!

Un poco avergonzado por cómo había sonado su voz, se apresura a serenarse y, junto al árbol hacia el cual había corrido, adopta cierta postura con el propósito de resaltar su físico.

¡No puede dejar de ver a esta hermosa criatura! Su sonrisa le cautiva. Su belleza le envuelve. ¡Y sus curvas le excitan!

¡El Padre está complacido! Hecho eso, se va... y los deja para que se conozcan. Más adelante, explica cómo creó a esa mujer a partir del hombre, de una de sus costillas.

* * *

Mientras el Espíritu sobrevuela esa demostración de amor, enfoquémonos en las afueras del Edén. Allí, en una parte no tan agradable, vive un turbio personaje que se ofende porque sus nuevos vecinos se instalaran tan cerca y, obviamente, en estrecha relación con el Propietario.

Hay un viejo refrán chino que dice: "Si conoces a los demás y te conoces a ti mismo, ni en cien batallas correrás peligro". Si la primera pareja hubiera conocido la naturaleza retorcida de su vecino, que pretendía tener algo más que derechos de ocupación ilegal de sus tierras, dudo que hubieran confiado en nada de lo que este dijera. Sin embargo, no puedo juzgarlos demasiado. ¿Cuántos de nosotros no caemos hoy en día porque subestimamos a nuestros enemigos? ¿Cuántos de nosotros no hemos, de manera irresponsable, dejado de estudiar a aquellos que buscan destruirnos?

Un día, en una clase de Apreciación del Arte en la universidad, este extraño personaje despertó mi curiosidad. Me topé con una pintura de William Blake titulada "Satanás mirando las caricias de Adán y Eva". Me atrapó tanto que, por los dos años siguientes, trabajé en una respuesta a esa imagen. A continuación, un poema que terminé en enero de 2001:

El ángel caído del cielo

Más allá de las profundidades de la física, en un
lugar que los ojos mortales no pueden ver,
Merodea el ángel caído del cielo, archienemigo de la humanidad.
Él soporta el dolor del abismo del Amor,
y de los días de gloria pasados.

Gobierna este mundo inferior, mientras
Él lo juzga desde las Alturas.

Este no es su reino ideal, y le molesta este lugar terrenal.
Deambulando por los cañones, recuerda su juicio celestial.
En general, argumentó bien, decidido a defender su postura.
Primero, trató de demostrar al Juez que solo
se trataba de orgullo inapropiado.

La creación le dijo al Creador: "¡No fue
un golpe de estado estratégico!
¡Estás por supuesto equivocado, lo que pasó
es que yo quería ser como Tú!"
Básicamente, su razonamiento fue: "Eres *Tú* quien tiene la culpa,
Tú me pusiste en una posición en la que tuve una fama que no pedí.

Te recuerdo, Alteza, que yo *fui* un fiel sirviente...
De verdad no fue mi culpa, ¡solo tuve un momento acalorado!"
Mientras un trueno sonaba en una costa
distante, recordó bien el martillo.
Los ojos del Juez arrojaron llamas mientras
Él lo sentenció al infierno.
Sentado en la cima de una montaña cercana,
Lucifer pensó en su aprieto.
Por un breve e inexplicable momento, pensó que el Juez tenía razón.

Una parte de él todavía ansiaba el "Amor Perfecto",
Y la plenitud de Su Presencia que alguna vez disfrutó en las alturas.
Desterrado de los Cielos, examinaba la tierra infecunda.
Abatido, decidió que, quizá, debería suplicar clemencia de nuevo.

Caminando hacia el Trono Celestial, se acercó al Jardín del Edén.
Cuando vio lo que Dios estaba haciendo, decidió no suplicar.
Oculto en el verde follaje, una mezcla celestial con hojas,
Vio la humanidad completa en las formas de Adán y Eva.

EL FACTOR "ESO"

Mientras miraba sus caricias, escuchó una
voz decir "¡Qué bueno es esto!".
Luego, se sintió muy lejos, cuando, de lo Alto
de los Cielos, se escuchó un trueno.
Sus ojos se entrecerraron mientras las
pasiones menguaban y afloraban;
Con cada tierna caricia, el Amor Puro envolvía
la demostración de los mortales.
Pese a la Presencia del Espíritu Santo, Lucifer comenzó a enfurecer.

Pudo darse cuenta de que esa colocación mortal puso fin a su alivio.
¡¿Cómo se atreve el Ser Supremo a desterrarlo,
Pero luego tener que verlo a Él rebosante
en una demostración de amor?!
El dolor era más de lo que podía soportar,
perforó su corazón cual cuchillo.

Se dio la vuelta para ocultar sus lágrimas
mientras Adán acariciaba a su esposa.
La tristeza se rindió ante el odio mientras Satanás ideaba un plan;
Con un puño en alto hacia los Cielos, prometió la caída del hombre.

Usaría el Amor contra el Dador, amor que brillaba con fuerza.
Ya que el amor es más poderoso que espadas
ardientes, lo usaría en contra de la Fuente.
Mirando atrás, observó al *amado* Adán.
"Adelante, ámala ahora. ¡Gracias a ella, os condenarán a ambos!"

Más allá de las profundidades de la física, en un
lugar que los ojos mortales no pueden ver,
Merodea el ángel caído del cielo, archienemigo de la humanidad.
Él soporta el dolor del abismo del Amor,
y de los días de gloria pasados.
Gobierna este mundo inferior, mientras
Él lo juzga desde las Alturas.

25

¡Pensar que no le caes bien al enemigo solo porque tienes un defecto de personalidad es completamente absurdo! De hecho, no tiene mucho que ver contigo, salvo por un poco de envidia. ¡Tiene *todo* que ver con su relación con el Creador!

Me encanta la línea "Él soporta el dolor del abismo del Amor..."; esa se me ocurrió a mitad de la noche. Imaginé una gran zanja que Satanás no puede cruzar. Aunque la Palabra afirma que él todavía tiene acceso al Juez del Universo, ¡ha sido descartado![8] ¡Solo podemos imaginar lo que se siente morar en la Presencia del Amor! ¡Todavía no entendemos por completo *quién* es el Amor! La palabra dice: "Porque mejor es un día en tus atrios que mil fuera de ellos".[2]

¡Que te destierren de la presencia del Amor es el castigo más terrible, una completa tortura! Para sentir un mero indicio de lo cómo podría ser eso, podemos imaginar al hijo pródigo. Al rebelarse, él pensó que el pasto era más verde del otro lado de la colina, ¡y solo descubrió cuán oscuro era ese lugar realmente! Cuando por fin recuperó el sentido común, incluso envidió a los sirvientes de su padre. ¿Cuántos de nosotros no hemos dejado, en un arrebato de ira, hogares o matrimonios, solo para descubrir que realmente no eran tan malos, y que, de hecho, estaban bastante bien?

Al igual que nosotros, el Acusador puede haberse aferrado a una última esperanza, a un atisbo de la posibilidad de volver a su estado anterior. Conociendo el Amor como alguna vez lo conoció a Él, quizá tenía una última esperanza... Quizá si él se arrepintiera...

¿Puedes visualizar toda esperanza dejando su rostro al encontrarse con Adán y Eva? De repente, todas las piezas del rompecabezas encajaron y entendió que no habría perdón para él. Ya estaba decidido. Lo habían desterrado... para siempre.

Mientras miraba a través del follaje, creo que vislumbró algo mayor: el gran plan. En el verso ***"Pero luego tener que verlo a Él rebosante en una demostración de amor..."***, Satanás sabía que esa demostración de amor de los seres humanos alababa a Dios.

Dios estaba en todos los aspectos de esa demostración, y eso a Él le complacía. Esos seres humanos obviamente habían conquistado el corazón del Señor.

El corazón de Lucifer se volvió negro. A través de ojos entrecerrados, estudió a la pareja e ideó un plan para herir a Aquél quien le hirió a él. Luego, se dio cuenta: No hay nada tan poderoso como el poder del Amor. Entonces, tomaría el amor y lo usaría en contra de la Fuente de Amor. Haría daño al Dador como con un rayo láser desviado. ¡Sí, eso haría! ¿Cómo herir a un Padre en el corazón? Pondría a Sus hijos en Su contra o les destruiría. Sea como fuera, la raza humana, cúspide de la afección de Dios, se vio involucrada en una guerra invisible. Ya que, en el reino espiritual, "eso" era más grande que ellos.

¡La vida es... una aventura!
CAPÍTULO CUATRO

"Y en el séptimo día completó Dios la obra que había hecho, y reposó en el día séptimo de toda la obra que había hecho".

Génesis 2:2 (LBLA)

La declaración de conclusión se dio, y todo era bueno (bueno *en gran manera*) según Génesis 1:31. Génesis 2:1 dice: *"Así fueron acabados los cielos y la tierra y todas sus huestes".* En hebreo, "huestes" se dice *"Tsâbâ",* que incluye "todo en la creación". *Para el séptimo día, todo lo que haría ya estaba hecho, y reposó.*

¡Pero espera un momento! Al leer eso, a nosotros los detallistas se nos disparan las alarmas. ¡Esas palabras fueron pronunciadas por Dios *antes* de crear a Ishshah, la mujer! Si Dios, que no puede mentir, afirmó que todo lo que iba a ser creado lo había sido al final del sexto día y estaba muy complacido con ello, ¿cómo fue que anunció la conclusión de Su creación antes de traer al mundo a la contraparte de Adán?

Puede que haya confusión debido a nuestra incapacidad de comprender completamente las implicaciones de Génesis 1:26-27, cuando Él dijo: "Hagamos al hombre a nuestra imagen, conforme a nuestra semejanza; y ejerza dominio... Creó, pues, Dios al hombre a imagen suya, a imagen de Dios lo creó; varón *y* hembra *los* creó". Al igual que Dios sacó nuestra imagen de su interior y modeló al ser humano con Sus propias cualidades, ¡la mujer estaba *dentro* del hombre desde el principio! Es un misterio casi incomprensible para el ser humano, ¡pero nosotros, hombre y mujer, estábamos *dentro* de Dios desde el principio! Dios le dijo al profeta Jeremías: "Antes de formarte en el útero, ya te *conocía*".[10] La palabra "conocía" se dice "yada" en hebreo, que es un hermoso término que significa compartir completamente y conocer íntimamente. ¡Estábamos en Sus pensamientos, en Su imaginación, y nos ansiaba mucho antes de la creación del mundo! Él nos amó antes de formar nuestra humanidad; éramos una parte importante de Su composición y de su círculo de relaciones. Él sabía quiénes éramos porque éramos parte de Él. ¡Cada uno de nosotros exhibe características únicas de nuestro Padre y cada uno de nosotros es amado de manera única por Aquel que nos creó y nos infundió vida!

Este mismo tipo de conocimiento "yada" existe entre el hombre y la mujer, ya que la mujer estaba *dentro* del hombre cuando él fue formado. Ella estaba *dentro* de él en esos momentos en los que él no encontraba a nadie como él. ¡Es muy posible que la presencia de ella en él haya intensificado sus profundas ansias por encontrar "alguien igual o semejante a él"! Él sabía, profundo dentro de él, que había algo más o, para ser más exactos, *alguien como él*. Algo en su interior le decía que esa aventura llamada "vida" era para compartirla. En los momentos de calma, el anhelo de amor, tanto para dar como para recibir, fluía desde esa persona en su interior que ansiaba darse a conocer. Dicho eso, cuando no encontró a nadie como él, Adán se desesperó, ¡ya que él *sabía* que "eso" no se limitaba solo a él!

Por ende, casi puedo escucharlo en una conversación posterior con el Padre, después de que le presentaran a la mujer...

—¡Lo sabía! ¡Lo sabía! ¡Sabía que *tenía* que haber alguien más como yo! Pero, aunque se parece mucho a mí, también es muy diferente. Ella emana vida donde quiera que vaya. ¡Hasta su tono de voz es como una maravillosa melodía!

—Entonces, ¿te satisface? —El Padre sonrió de oreja a oreja—.

—¿Satisface? No hay palabras que puedan describir por completo mi felicidad. La única palabra que está cerca de expresar lo que siento es... completo. ¡Eso es! ¡Ella me *completa*! ¡En las áreas en las que yo soy débil, ella es sorprendentemente fuerte! Ella tiene aquello de lo que yo carezco. Pero Padre, es mucho más que eso. Todavía no lo entiendo. De alguna manera, siento que me completa más allá de tener rasgos complementarios. Es como un "círculo complementario". Ella estuvo *dentro* de mí y ahora, en respuesta, ¡ella *recibe* mi amor y yo me muevo dentro de ella! Cuando eso ocurre, siento completamente que soy uno con ella... ¡Completo!

—¡Entonces, es un éxito! —El Padre se rio y le dio un fuerte abrazo a Adán—. Ve a decirle a *Ishshah* que espero que me cuente sobre sus aventuras esta noche.

❖

¡Para mí, la vida ha sido la mejor aventura! Crecí en Alaska. Ayudé a mi tío y a mis abuelos a cuidar a casi cincuenta perros de trineo, ¡e incluso aprendí a correr en carreras de trineos! Crecí esquiando, pescando y acampando.

A lo largo de los años, donde quiera que vaya, la gente me pregunta cómo es vivir en Alaska. Si no has vivido ahí, es casi indescriptible. No obstante, he elaborado una respuesta corta: "Es como vivir siempre al límite". Es saber que tu vida puede terminar en cualquier momento, así que la vives al máximo. Los terremotos ocurren... a veces de manera violenta, y siempre sin avisar. A la vuelta de la esquina, puede haber una nevada, un oso o un alce. Y, para los que no lo saben: los alces son criaturas temperamentales que te matarán más rápido que cualquier oso.

Todo en Alaska es duro: las montañas, el clima y los hombres. Para los alasqueños, la aventura es el equilibrio entre la vida y la muerte. Me he parado en las cimas de altas montañas y he mirado... la infinidad... sabiendo que muy bien podría haber sido la primera persona en haber estado en ese lugar de la tierra. ¡Eso es una aventura!

En el pasado, cuando pensaba en el Jardín del Edén, inconscientemente mi mente evocaba la imagen de una cúpula de biosfera que encerraba un exuberante jardín, con clima controlado (el paraíso de un ecologista) pero cuya exploración era limitada. Esta alasqueña no podía evitar imaginarse a Adán y Eva chocando contra una pared de vidrio en algún momento.

¡Tuve que estudiar mucho y aprender de otras personas para entender la gran aventura que emprendieron estos dos! En primer lugar, se aventuraron como personas emocionalmente sanas con la capacidad de mirar fuera de sí mismas en lugar de hacia dentro en un esfuerzo por llenar vacíos emocionales. ¡Una de las primeras cosas que recibieron de su Padre fue una bendición![11] ¿Cuántos de nosotros no pasamos nuestras vidas enteras en búsqueda de la bendición de nuestro padre? Mi esposo tenía 38 años cuando escuchó a su padre decir "Hijo, estoy orgulloso de ti" por primera vez. El pequeño niño que existe dentro de mi fuerte esposo se derritió.

La bendición de un padre marca el rumbo de la vida de sus hijos. Cuando esa bendición se retiene o el padre está ausente, sus hijos suelen pasarse toda la vida buscando alternativas a lo real. El amor y la aserción de un padre están directamente relacionados con la fidelidad de sus hijas. Si una joven es rechazada por su padre, buscará esas cosas en los brazos de cualquier hombre que le diga lo que más desea oír: que es amada.[12] En el caso de los hijos varones, estos suelen buscar poder, prestigio o una posición para impresionar a los demás en su esfuerzo por llenar ese gran vacío en su corazón.

Cuando una pareja emocionalmente sana se une, tiene la capacidad de servir "al" otro en lugar de quitarle "al" otro, evitando así la poco realista expectativa de que su felicidad depende de su pareja. Parece que Adán y Eva se liberaron del bagaje emocional que solemos cargar a cuestas y partieron desinhibidos hacia los rincones inexplorados de su mundo. Me es útil pensar que su Jardín era su "base de operaciones". Después de todo, el mundo entero estaba ahí, solo esperando por ellos. ¿Adán le mostró a su compañera de aventuras la tierra salvaje donde él nació? ¿Adán le ayudó a escalar hasta las cimas de una alta montaña? ¿Se pararon triunfantes en una cima y observaron la "infinidad" sabiendo que eran los primeros seres humanos en pararse en ese alto lugar?

Su divina carga fue un encargo *conjunto*, como dice Génesis 1:28: "Y los bendijo Dios y les dijo: 'Sed fecundos y multiplicaos, y llenad la tierra y sojuzgadla; ejerced dominio sobre los peces del mar, sobre las aves del cielo y sobre todo ser viviente que se mueve sobre la tierra'".

Tomemos en cuenta que el hombre no dejó a la mujer en casa, en la cocina o con los niños mientras él se iba a divertirse explorando. Sabía que el Señor quería que la vida fuera una aventura conjunta; algo compartido con "alguien igual o semejante a" él. La "suerte" de la mujer en la vida no se reducía a barrer la casa con una escoba de paja y pasar los días inclinada sobre un hornillo de piedra cocinando papilla para el hombre.

¡No! ¡Ella fue elegida, junto al hombre, para vivir la gran aventura!

Como la chica amante de las actividades al aire libre que soy, puedo imaginarme al primer hombre y la primera mujer navegando uno de los cuatro ríos a bordo de un tronco vacío. Eva, cuyas habilidades de navegación no son tan buenas, deja que Adán les guíe por las fértiles orillas del río mientras ella se echa perezosamente hacia atrás y deja que su pie se deslice por el agua. Protegiéndose los ojos con la mano, ella contempla el paisaje a su alrededor y escucha todos los sonidos a su paso. De vez en cuando, al pasar junto a un arbusto o un árbol especialmente hermoso, ella respira su aroma floral y pregunta a Adán cómo se llama tal o cual cosa. Entonces, sin previo aviso, sintió un olor familiar.

—¡Puaj! ¡Lo olí!

De espaldas a ella, se le escapó una gran sonrisa y respondió inocentemente:

—¿Qué?

—Trataste de tirártelo sin que me diera cuenta, ¿no? ¡Al menos hazlo cuando el viento no me lo vaya a traer!

Adán se esforzó por contener la risa, pero, cuanto más pensaba en ello, más difícil le resultaba no reírse. Antes de darse cuenta, estaba retorciéndose de la risa.

La mujer, que empezaba a encontrarlo gracioso, cambió su posición y golpeó con fuerza el agua, salpicando al hombre con un chorro frío que le golpeó en el trasero. Esto solo le hizo reír más.

Ella sonrió y volvió a recostarse. No sabía si sería posible amarlo más de lo que ya lo amaba. Él la hacía reír. Él la deleitaba. Él la amaba. De alguna manera, él le recordaba al Padre mientras ella contemplaba la enormidad de su mundo, todo "eso".

Su nombre era Adán...
CAPÍTULO CINCO

"Este es el libro de las generaciones de Adán.
El día que Dios creó al hombre, a semejanza de Dios lo hizo.
Varón y hembra los creó; y los bendijo, y los llamó
Adán el día en que fueron creados".

Génesis 5:1-2 (LBLA)

"El día que Dios creó al hombre...", Él, *de manera estratégica, escondió a la mujer en su interior*. Me pregunto si parte de la desesperación de Adán provenía del hecho de que sabía, por sus conversaciones con Dios, que la creación estaba hecha, terminada. Todo lo que iba a *ser* creado *lo había sido* al final del sexto día. Así que, cuando el hombre no pudo encontrar a nadie igual o semejante a él, probablemente pensó que no había esperanza. Quizá se le pasó por la mente que estar solo podría ser su "suerte" en la vida.

Aun así... No podía callar esa voz interior que le susurraba: *"Estoy aquí. Sigue buscando. Fuimos creados el uno para el otro. No te rindas..."*

Y ella esperó. En hebreo, "esperar" se dice "*qavah*", que significa reunirse como uno, estar unidos. En Génesis 1:9, cuando Señor dijo: "Júntense en un lugar las aguas que están debajo de los cielos, y que aparezca lo seco", eso describe la palabra "*qavah*" o "esperar": expresa un entrelazamiento, como las hebras de una cuerda que se convierten en una sola. Así que, *dentro* del hombre, ella esperó.

Mientras tanto, el hombre esperó, buscó, e hizo lo que sabía hacer: trabajar. Wilt Chamberlain dijo una vez: "Creo que cosas buenas ocurren a quienes trabajan". ¡Si eso no está en la Biblia, debería! Muchos (quizá todos) los grandes líderes de las escrituras fueron llamados mientras estaban "en el trabajo": Abraham en la tienda de su padre, Moisés cuidando ovejas, David cuidando ovejas, Gedeón trillando trigo, y todos los discípulos en sus respectivos oficios. No eran hombres perezosos ni indecisos. Tenían propósito y dirección.

Al igual que Adán. Antes de que Dios llevara a la mujer a su vida, Adán estaba entrenado, preparado y, lo que es más importante, ¡tenía una relación viable y viva con el Señor! Las relaciones llevan su tiempo, no ocurren de la noche a la mañana. Lleva tiempo confiar, aprender *quién* es el otro y establecer límites. Tengo amigos a los que quiero mucho y podemos pasarnos horas hablando de todo... menos de política. Como he pasado tiempo con ellos, sé por experiencia que simplemente no debemos hablar de ciertas cosas. ¿Los límites reducen mi cariño por ellos? ¡Claro que no! Yo los *conozco* por haber pasado tiempo con ellos.

El tiempo que Adán pasó con Dios fue tiempo de calidad, de un Padre entrenando a Su hijo. Aunque creo plenamente que Adán fue inteligente desde su creación, él no tenía conocimientos. Tuvo que aprender habilidades y hechos, y desarrollar destrezas en su trabajo como cultivador, guardián y acuñador de nombres de animales. Estoy segura de que sus conversaciones nocturnas no eran cotorreos superficiales, sino sesiones de aprendizaje en profundidad. No sé a ti, pero a *mí*, ¡una sola palabra de Dios puede sustentarme por meses! ¡Me lo puedo imaginar hablándole a Él por horas!

Además de adquirir conocimientos sobre la tierra y su abundancia, estoy segura de que Adán descubrió quién era él mismo y, sobre todo, quién era Dios. En esos momentos a solas con el Señor, puedo escuchar algunas de las preguntas de Adán y comprobar la profundidad de las respuestas del Padre...

—¿Padre?

—Dime, amado Mío.

—¿Por qué, cuando me recuesto por las noches, aparecen luces en el espacio de arriba, las cuales a veces son tan brillantes que necesito buscar una hoja grande y cubrir mis ojos con ella para poder dormir?

—Yo las hice. ¿No te parecen fascinantes?

—Mucho, sí. De hecho, ¡hay noches que se ven tan cercanas que uno pensaría que podría tocarlas! ¿Cómo se llaman?

—Se llaman "estrellas" y la inmensidad donde están es el "cielo".

—Veo que se quedan en las mismas posiciones. Pero la grande, la que es realmente grande, sí cambia de posición. ¡De vez en cuando, la noche es muy oscura porque desaparece por completo! ¿Ella también es una estrella?

El Padre rio.

—No, hijo. Esa es la luna. Cuando aprendas sus patrones, podrás plantar, cosechar y hasta cuidar a los animales en función de ella.

—¿Debo aprender un patrón o varios?

—Solo uno, pero ese afecta muchas cosas en esta tierra. Hay muchas cosas que deberás aprender a través de la experiencia, ya que no quiero quitarte la dicha de descubrirlas.

Estaban llegando al final de su paseo esa tarde. Adán, como siempre, tenía miles de preguntas, así que se quedó con el Padre para sentarse a hablar un poquito más. Con un suspiro, el Padre se sentó frente a Adán, ambos recostados de troncos cercanos.

—Y las estrellas... ¿Cuál es su propósito?

—¿Las estrellas? Pues... ¿Qué te puedo decir sobre las estrellas? En primer lugar, las puse en el cielo como señales y, un día, la convergencia de esas señales transmitirá un mensaje. Para que sepas, ellas sí cambian y se desplazan, pero hacen falta siglos para notar algún cambio significativo. Ocultas en las estrellas, hay constelaciones que cuentan una emocionante historia de un conflicto mortal, un antagonista que busca la destrucción y un héroe que redime al hombre mortal".[13]

—¿De verdad?

—¿Crees que te mentiría? —Dios sonrió—.

Adán recorrió el cielo que se oscurecía y supo que su momento juntos estaba por terminar.

—¿Padre?

—¿Sí, hijo?

—¿Dónde puedo encontrar a ese héroe que está oculto en los cielos?

—Busca profundo dentro de ti, hijo. Busca profundo dentro de ti.

El Padre se inclinó, besó a Adán en la frente, y se fue.

Adán, luchando contra el sueño, pensó: "*Permaneceré despierto esta noche, a ver si encuentro al héroe. Ese debe ser uno de los misterios de mi Padre que Él quiere que yo resuelva...*". Pero en unos minutos, los sonidos de los chotacabras y las ranas le arrullaron y se durmió.

La historia de su Padre, sin embargo, había agitado su espíritu subconsciente. Porque, en sus sueños, vio imágenes sin nombre de muchos seres humanos sometidos por una diabólica criatura. Gritaban a Dios, quien entonces estaba oculto a sus ojos. Adán escuchó sus gritos, un sonido que nunca había escuchado, y estos rompieron su corazón. Empezó a sudar y a mover su cabeza de un lado al otro. *¿Quién era ese héroe? ¿Quién salvaría a esos seres humanos?*

Justo cuando todo parecía perdido, una figura apareció desde los cielos. Se parecía mucho a Adán, un hombre, pero irradiaba luz como Dios. Cabalgaba sobre un imponente corcel blanco y una gran hueste llenaba el cielo tras él. ¡Oyó que los seres humanos dieron un fuerte grito al reconocer a este héroe! Adam se sacudió y se despertó. *¡Gritaban su nombre! ¿Era ese su nombre? ¡Recuerda, Adán! ¿Cuál era el nombre del héroe?*

Por mucho que lo intentó, no pudo recordar el nombre que escuchó en su sueño. Si solo pudiera conocer a ese héroe, a ese hombre/dios. Había algo *dentro* de él que ya conocía y amaba a ese ser. ¡Y, aunque era un extraño, amaba a esas personas! ¿Quiénes eran? Después de todo, solo existía él. Adán suspiró.

Ahora que estaba despierto, se tumbó a contemplar el cielo lleno de estrellas y pensó mucho en los héroes.

Cuando Dios le presentó la mujer a Adán, el héroe dentro de él cobró vida. Algo en él *quería* ser *su* héroe. Quería protegerla de cualquier daño. Le enseñó pacientemente qué plantas había que evitar, qué aspecto tenían los socavones y cuáles animales eran temperamentales. Demostró su fuerza levantando pesados troncos y cargándola a cuestas a través de los rápidos del río. Por la noche, la envolvía en sus brazos con seguridad, sintiendo que quería meterse dentro de ella y ella dentro de él. Le encantaba cuando ella le apretaba los bíceps juguetonamente y comentaba lo fuerte que era. ¡En esos momentos, él era *el* hombre!

Después de todo, él había sido hecho a imagen de Dios. Cuanto más tiempo pasaba con su Padre, más se reconocía a sí mismo. Cada día que pasaba, notaba ciertos gestos parecidos a los de su Creador, como la forma en que mimaba a la mujer, protegiéndola del mal, la forma en que la cultivaba con sus palabras de aliento, cómo se desvivía por ella y cómo hablaba de su futuro juntos y de todas las aventuras que vivirían. ¡Esas eran todas cualidades de su Padre! Sin embargo, Dios era mucho más que esas características.

Pasó los días siguientes estudiando los rasgos de cada individuo y tomando notas mentales. Cuando creía tenerlo todo claro, sacó el tema en el paseo de esa tarde.

—¿Padre?

—¿Sí, hijo?

—¿Recuerdas la noche en que me presentaste a *Ishshah*?

¡El Padre rio!

—¿Cómo olvidarlo? ¡No cambiaría esa mirada tuya por nada! ¡Y la manera en que corriste hacia aquél árbol! Pensé que se te iban a salir los ojos...

—Vale. Está bien. Te acuerdas.

Ahogando Su risa, el Padre respondió:

—¡Claro que me acuerdo!

Adán, sonrojándose un poco en presencia de la mujer, dijo:

—Pues, no pude dejar de darme cuenta de que nos llamaste "adán", u hombre, a ambos.

—Sí, lo hice.

—Y fui yo quien la llamó "*Ishshah*" porque ella salió del "*Ish*", es decir, del hombre.

—Sí, lo hiciste.

—Después de haber estudiado, clasificado y acuñado los nombres de los animales, sé que, aunque tenemos algunas cosas en común, *Ishshah* y yo no somos como ellos. Somos una especie diferente.

—Así es —dijo el Padre—.

Ishshah se recostó de Adán y le ronroneó en el oído.

—Adán mío, a mí me *encanta* la leona. Se ve tan sabia y regia. ¿No crees que me parezco bastante a ella? Y le sonrió con esa hermosa sonrisa de ella.

Él le devolvió la sonrisa y luego la tomó y la acercó a él. Con su otra mano, le revolvió el cabello y la abrazó con fuerza.

—No. ¡Creo que te pareces más a los monos, pues trepas en los árboles y me haces bromas!

Con una risita, le empujó y él se tambaleó hacia un lado un par de pasos. Tras levantarse, continuó el paseo al lado de ella. Tras unos pasos, él le dio a ella un golpecito con la cadera, lo que la sacó suavemente del camino. Riendo, ella declaró:

—¡Yo *sí soy* como una leona!

Entonces, recuperó regiamente su postura y caminó al lado de él con inocencia. No obstante, cuando surgió la oportunidad, en una ligera pendiente, ella le dio un golpecito a él. Su juego continuó hasta que se dieron cuenta de que el Padre ya no estaba cerca de ellos; se había detenido hacía rato y les estaba viendo jugar. Verlos le causó gran alegría.

Adán se dio la vuelta y dijo:

—¡Disculpa, Padre! Quédate ahí e iremos hacia ti. Todavía hay algo que quiero preguntarte.

Cuando se pusieron cómodos, sentados en la ladera de una colina viendo cómo empezaba a ponerse el sol, Adán continuó con su interrogatorio. Echándole un vistazo a la mujer, dijo:

—Como concluimos... NO somos como los animales —Ella sonrió—. Somos una especie diferente. No obstante, cuando me miro reflejado en el agua o cuando miro a la mujer, veo que somos como Tú. ¡Hasta actuamos como Tú!

—¿Y tu pregunta es...?

—Pues —dijo Adán—. Veo que, como hombre, tengo tendencia a ser como Tú, en el sentido de que yo *quiero* proveer para la mujer. Siento la necesidad de protegerla y elevarla, de animarla a alcanzar nuevas alturas. No obstante, he notado ciertas cosas de la mujer, cosas que yo no tengo necesariamente, que son también únicamente tuyas.

—¿Y qué cosas suyas has notado?

—Por una parte, sus emociones son más evidentes que las mías. Ella llora cuando está feliz, cosa que no entiendo en lo absoluto, y se ríe de las cosas más tontas. Ella habla mucho más que yo, pero, por encima de todo, le encanta sentirse deseada y que le diga que es hermosa.

—¿Y qué pasa cuando le dices que es maravillosa y que vale la pena amarla?

Adán sonrió de oreja a oreja.

—Pues... ¡ella me corresponde!

Ishshah se inclinó, envolvió el cuello de Adán con sus brazos y besó su mejilla.

Adán miró al Padre y dijo:

—¿Ves?

Todos rieron. Durante un breve instante, permanecieron en silencio mientras observaban cómo el sol iniciaba su descenso hacia el horizonte. Adán rebuscó en sus pensamientos, tratando de formular la pregunta que le había estado rondando la cabeza. Finalmente, dijo:

—Padre, lo que he estado tratando de entender es... Pues... Es demasiado difícil describirlo de manera racional a menos que te cuente acerca del sueño que tuve después de nuestra discusión sobre las estrellas y la misteriosa historia que las constelaciones cuentan de un héroe...

Entonces, Adán compartió su sueño con ellos, y cómo supo que ese héroe era un hombre-dios.

—Pero más que eso, *sentí* que ya conocía a esa persona que era como Tú, justo en el momento en que yo estaba tan desesperado por tener una contraparte. Sin que mi mente lo supiese, mi corazón *sabía* que ella estaba ahí: *adentro*. Por lo tanto, tengo dos preguntas. La primera: Ya que ambos compartimos tus cualidades, de manera tan única y a la vez tan diferente, ¿estábamos nosotros dentro de ti? Y la segunda: ¿Este héroe está en mí, tal y como estaba la mujer?

El Padre pensó por un momento. ¿Qué podría Él decirle al hombre, que no arruinase el júbilo del descubrimiento o de la revelación de los misterios que están reservados para otra era? Contemplando el hermoso paisaje y el sol poniente, el Padre preguntó:

—Hijo, ¿ves todo esto?

—Sí, es hermoso.

—Gracias. Estaba en Mí desde el principio. Yo vi su belleza *antes* de crearlo.

—¿Y nosotros?

—Vosotros también. Yo ya os *conocía* antes de daros la forma de recipientes humanos. Vosotros erais (y seguís siendo) parte de Mí.

—¿Y el héroe?

—Está en Nuestro interior, también.

Hubo un momento de silencio mientras el sol daba las buenas noches a su mundo. Entonces, el Padre habló antes de partir:

—Y, con respecto al misterio, "eso" no corresponde a este momento. No obstante, podéis comenzar por estudiar esta semilla.

Dios le entregó la más diminuta de las semillas, dio un beso a ambos, y desapareció.

Adán sostuvo esa pequeña semilla toda la noche. Si tan solo supiera que se necesitarían generaciones y generaciones de descendientes antes de que el mundo supiera que Jesús, Yeshua Mesías, el héroe supremo, Aquel que nos salva… estaba *dentro* de Adán en ese momento, en su semilla. "Eso" era mucho más de lo que él podría comprender en ese momento.

Una cuestión de confianza...
CAPÍTULO SEIS

"Y ordenó el Señor Dios al hombre, diciendo:
'De todo árbol del huerto podrás comer,
pero del árbol del conocimiento del bien y del mal no comerás,
porque el día que de él comas, ciertamente morirás'".

Génesis 2:16-17 (LBLA)

Como se dijo en el capítulo dos, Dios sabía que los primeros humanos pecarían. Ya Él había iniciado un plan de redención para "el día en que de él [comieran]". El límite no fue creado para ver si el hombre sería obediente. La cuestión nunca fue la obediencia, sino la **confianza**. Si fuera la obediencia lo que Dios requiriera para la relación, Él habría sido muy claro con respecto a las repercusiones del acto de desobediencia. Habría establecido claramente las consecuencias del incumplimiento. Podría haberles dicho que eso llevaría al pecado y a su compañera, la iniquidad (el residuo del pecado); lo que resultaría en separación, enfermedad, dolor y ruptura de relaciones, no solo para los que cometieron tal acto, sino también para sus hijos. El Padre podría haber hecho hincapié en que las consecuencias de morder el fruto de *ese* árbol harían que toda la raza humana se convirtiera en esclava de la muerte. ¡Tal acto de desobediencia afectó a toda la humanidad por miles de miles de años!

Como madre, para mí era importante que mis hijos no se pasaran de la raya y tuvieran sexo antes del matrimonio. Como sólo se llevaban un año de diferencia, los senté a los dos cuando tenían, más o menos, once y doce años. Les dije que, un día, ¡se encontrarían en compañía de una chica que les haría sentir como si fueran el propio regalo de Dios para las mujeres! Y que esa chica les susurraría cosas al oído que harían que se estremecieran de la cabeza a los pies. Y que, cuando esa chica tocara sus muslos, se sentirían como si fueran a estallar, y que, cuando eso pasara... ¡DEBÍAN CORRER! ¡Que ella tenía cosas que ellos no querrían! ¡ASÍ QUE DEBÍAN CORRER!

Muchos años después, ellos recuerdan esta charla por encima de mi versión "seria", en la que describí claramente las implicaciones del sexo antes del matrimonio sin protección: embarazos, enfermedades de transmisión sexual y heridas emocionales. No entendieron del todo la parte de las heridas emocionales, y puede que nunca lo hagan. No obstante, desde la perspectiva de una mujer, a menudo sufrimos heridas emocionales a consecuencia del sexo antes del matrimonio.

Nunca olvidaré un retiro de mujeres al que acudí hace algunos años. No recuerdo el nombre del hombre que estaba hablando en ese momento, pero nunca olvidaré lo que dijo. Desviándose de su guion, dijo que sintió que el Espíritu Santo le había impulsado a compartirnos una experiencia. En el pasado, estando borracho, se aprovechó de una joven que no quería tener sexo e ignoró sus peticiones de que parara. Hecho eso, él siguió con su vida. Por otra parte, ella quedó emocionalmente arruinada. Se sentía devaluada, robada, utilizada y muy, muy enfadada. En ese estado, ella pasó de una relación a otra, pero nunca lo superó. Veinte años después, se encontraron por casualidad. Él le habló como si *nada* hubiese pasado y la trató como una vieja amiga. Ella, no obstante, estaba furiosa. Veinte años de vil ira y odio salieron disparados de sus ojos y se derramaron de su boca. A este hombre, nunca se le había ocurrido que aquella mujer aún sintiese dolor por aquel acto momentáneo. Él la tomó por los hombros, la miró directo a los ojos, y le dijo:

—Lo siento.

En ese momento, ella se quebró.

Miré a mi alrededor en esa habitación llena de mujeres y observé sus rostros mientras escuchaban la historia de este hombre. Muchas estaban sentadas con los puños apretados y miradas que ocultaban sus propios aterradores recuerdos. Entonces este hombre hizo algo que desearía que hicieran todos los hombres que se han aprovechado de una mujer fuera de los límites del matrimonio. Dijo:

—Señoritas, aunque sea difícil de comprender, escuchadme bien. Para un hombre, el sexo... no significa nada. Dentro del matrimonio, no obstante, significa *todo*. Fuera de él, no es más que un acto. Pero Dios hizo uso de una mujer para mostrarme que, para ella, significaba *algo*. Así que soy solo un hombre parado aquí, pero represento a todos los hombres, y quiero deciros que lo siento. Lo siento de verdad.

Esas palabras tardaron un momento en calar. Pero, una por una (yo incluida), ¡casi todas las mujeres lloraron! Las lágrimas brotaron como una lluvia torrencial de lo más profundo de sus corazones: lágrimas sanadoras. Se derramaron años de dolor emocional. ¡Nunca había visto semejante sanación! Esas mujeres fueron transformadas por las disculpas de un hombre que tuvo el valor de ocupar el vacío y asumir la culpa de muchos hombres.

¿Fui capaz de comunicar a mis hijos todas las repercusiones del sexo antes del matrimonio? ¿Podría siquiera empezar a hablarles del daño emocional que muchas mujeres llevan consigo? Lo intenté. Antes incluso de considerar "hacerlo", les dije:

—Preguntaros si ella podría ser vuestra futura esposa. Si no, será la futura esposa de alguien. ¿Y qué os parecería a vosotros que un tipo se hubiera aprovechado de vuestras futuras esposas? Además, recordad que es la hija y la hermana de alguien, ¡así que **valoradla**! ¡Ella de veras *quiere* ser una esposa de ocho vacas!

¿Me hicieron caso? No realmente. Tal y como los primeros seres humanos, ellos hicieron lo que se sintió bien en el momento, sin considerar las repercusiones y las consecuencias futuras. Dicho eso, no muchos años después de mi charla sobre "los pájaros y las abejas", tenemos una nieta preciosa, Eliza, a la que no vemos muy a menudo, ¡pero por la que rezamos todo el tiempo!

¿Tendrá problemas de confianza la joven madre de nuestra nieta? Probablemente.

La CONFIANZA es la piedra angular de **todas** las relaciones saludables. Es el fruto de saber que se te ama, que se te ama de verdad. Pero el amor de verdad tiene un precio mucho mayor de lo que muchos están dispuestos a pagar. En su libro "La cabaña", William Young dice: "El amor siempre deja una marca significativa".[14] En otras palabras, el amor duele. Duele cuando nos atrevemos a confiar en una relación y a volvernos vulnerables, a poner nuestro corazón desprotegido en un altar común con la esperanza de que no será destruido y de que no acabará en mil pedazos.

"Amor" también puede escribirse así: "**TIEMPO**". Mi esposo un día habló frente a una audiencia muy "religiosa", sobre la importancia de pasar TIEMPO con aquellos que *decimos* que amamos. Esas personas *decían* que amaban a Dios e incluso habían memorizado muchos versículos de las Escrituras, aunque creo que, en su mayoría, lo hicieron para poder juzgar y a la gente y ganar discusiones. Aprendieron el idioma "cristianés" y comenzaron a ir por la vida llamándose "hermanos" y "hermanas". Le *dijeron* a mi esposo:

—Te amamos, hermano Jesse. Pero eso molestó a mi esposo.

Ese día, él les dijo:

—Tengo un hermano llamado Gary. Cuando yo llamo a mi hermano, no le digo: 'Hola, hermano Gary'. ¡No! Yo *sé* que él es mi hermano. ¿Por qué? Porque hemos pasado TIEMPO juntos. Puede que tengamos nuestras diferencias, pero sé que siempre será mi hermano. Vosotros *decís* que me amáis, y *decís* que amáis a Dios. Si eso es cierto, permitidme haceros algunas preguntas... ¿Cuál es mi color favorito? ¿Cuáles cosas de la vida me gustan y cuáles no? ¿Y qué hay de la personalidad de Jesús? ¿Cómo es Él? ¿Cómo huele? Si vosotros no sabéis las respuestas a esas preguntas, NO habéis invertido TIEMPO en esa relación. Para aquellos que no pueden esperar, o que no tienen el TIEMPO, me gusta el color verde y estar en la naturaleza, pero odio las serpientes y los tiburones. ¿Y Jesús? Pues tendrán que invertir TIEMPO para conocerle a Él, pero Él huele a quebrantamiento (lo cual, mi esposa insiste, huele a incienso y tostadas francesas).

El coste del amor es vulnerabilidad y TIEMPO. El fruto de esta inversión en otro ser es la CONFIANZA. ¡Qué maravilloso cuando ambas partes involucradas pueden tenerse confianza! Una vez, escuché una grabación de alabanzas en vivo con Derick Webb (anteriormente asociado con el grupo musical Caedman's Call) en la que él hablaba de cómo, secretamente, deseaba que Dios simplemente tomara su vida y la hiciera película, para que toda la humanidad pudiera ver sus momentos más profundos, oscuros, malos y pecaminosos. De esa manera, él podría arrepentirse y todo el mundo podría verlo en un momento. ¡Él quería volverse completamente vulnerable para poder liberarse por completo! Sin seguir siendo juzgado. Sin seguir poniendo tiempo y esfuerzo en intentar verse bien. Sin más paredes entre él Dios, ni entre él y los demás. Solo una vida auténtica con Dios, con él mismo, y con los demás.

Pensé para mis adentros: *«Vaya. Yo quiero ese tipo de libertad y confianza en una relación. Señor, haz eso conmigo si así lo deseas. Yo solo quiero algo AUTÉNTICO».*

¡Oh, mi Señor Jesús! Lo que ocurrió poco después de esa conversación con Dios fue una de las experiencias más dolorosas de mi vida y de la de Jesse. En el momento en que decidas confiar totalmente en Dios con la llave de todos los rincones cerrados, raramente visitados, oscuros y profundos de tu ser más interior, ¡el enemigo tomará ese corazón vulnerable que reposa allí en el altar y lo hará pedazos! En el capítulo tres, hablamos de que necesitamos conocer a nuestro enemigo. Satanás no quiere que seamos *auténticos* en nuestras relaciones. Él trabaja desde las sombras de la desconfianza. Por ende, a los pocos instantes de mi declaración, comenzó a erosionar la congregación... sembrando la desconfianza.

Y el resultado fue que, en muy poco tiempo, un pequeño pero poderoso grupito de gente (que decían ser cristianos) se ofendió con nosotros. La cabecilla, una señora que quería ser la "gurú espiritual" de la Iglesia, se puso celosa cuando su esposo fue elevado al liderazgo. En secreto, ella le grabó, en su casa, durante un arranque de rabia e ira que ella había provocado. Le llevó la cinta a mi esposo, Jesse, quien se negó a verla. Le horrorizó que ella hubiese provocado a su esposo para hundirlo. Al no salirse con la suya, se fue y empezó a confabularse con otros en torno a un objetivo común. Juntos, nos atacaron frenéticamente para desacreditarnos y echarnos del pueblo. Buscaron en Internet, recurrieron a las fuerzas del orden para que investigaran ilegalmente nuestros antecedentes, llamaron a las antiguas iglesias en las que servimos, a antiguos socios comerciales, a nuestros obispos, ¡y hasta se remontaron treinta y cinco años atrás y llamaron a mi cohorte de instituto! Se dijeron mentiras sobre nosotros en la comunidad y a los miembros de nuestra iglesia, se dio un falso testimonio sobre nosotros, y se tomaron medias verdades y estas fueron convertidas en falsedades sobre todos. Trataron de que me despidieran del trabajo. Intentaron hacer que nos quitaran nuestras credenciales pastorales. ¡Estábamos atónitos, impactados y furiosos!

Dondequiera que iba, fuera en casa, en el trabajo, en mi coche, e incluso en la Iglesia, rezaba, como David rezó a veces: "¡Señor! En Tu bondad amorosa, justicia y misericordia eterna, ¡¡¡SÁCALES LOS LABIOS!!!". Yo realmente confiaba en que mi Padre se horrorizaría tanto como yo ante esas pirañas parásitas. Estaban actuando de la misma manera que aquellos que cazaron a Jesús.

Mi confianza fue disminuyendo a medida que mi Padre... no hizo nada. No pude ver Su bondad obrando en medio de toda esa oscuridad. Pasaron seis meses. Para ese entonces, los ataques eran tan graves (y públicos) que hubo que convocar a nuestro obispo. Cuando llegó, nuestros enemigos decían que ese iba a ser nuestro domingo de "excomunión", el día en que nos bañarían en alquitrán, nos pegarían plumas y nos echarían del pueblo.

Ese domingo por la mañana, la iglesia estaba abarrotada. Para nuestra maravillosa sorpresa, la gente del pueblo (los no creyentes con los que habíamos entablado relaciones) apareció y se unió a aquellos que nos habían acompañado fielmente a lo largo de esta terrible experiencia. El poderoso, pero pequeño grupo de atacantes se sentó atrás. Cuando el obispo Ray Willis terminó de hablar, siete personas dieron su corazón al Señor y los atacantes se apresuraron a salir del edificio. ¡Durante el siguiente año y medio, hubo ocho salvaciones y dieciocho bautizos más! ¡Más que en los veinte años de historia anteriores de esa pequeña iglesia! Me arrepentí de haber dudado de Su bondad en TODAS las situaciones.

Y lo que me gusta aún más es la libertad de la que ahora gozo ahí. Junto con el milagro de salvar vidas, estoy agradecida de que Dios haya cambiado *mi* corazón también. Ya no le pido que les "saque los labios", sino que rezo, por su propio bien, que tengan un encuentro AUTÉNTICO con Jesús. Si realmente lo conocieran y pasaran TIEMPO con Él, sabrían que Él no se deleita en destruir a otras personas con chismes, cuentos y desviando su propia culpa sobre los demás.

> *Confía en el Señor con todo tu corazón, y no te*
> *apoyes en tu propio entendimiento.*

Proverbios 3:5

He escuchado decir que "la fe no es creencia sin pruebas, sino confianza sin dudas".[15] Me recuerda a la historia de la anónima "mujer con un problema" en Marcos 5:25-34. Ella entra en escena y se le presenta como una mujer con una aflicción. Por doce años, todos en su comunidad le conocen como la "mujer con un problema". Y lo que es peor, los paradigmas culturales de entonces hacen que se le considere como una mujer IMPURA, y su comunidad, diligentemente, la aísla. Es casi como si ella hubiera caminado con una gran "I" escarlata bordada en su túnica. Había perdido su identidad, sus amigos, su familia, su dinero, y había sufrido *mucho* en manos de muchos médicos practicantes. Paréntesis: ¿Cuántos de nosotros, hoy en día, hemos sufrido en manos de aquellos que *practican* la religión? Montan una buena fachada, dicen todas las oraciones "correctas", pero te culpan *a ti* cuando nada pasa. Algunos incluso añaden más dolor a una situación ya de por sí mala al decirnos que fue *nuestra* falta de fe lo que causó que no hayamos sido sanados. ¡La verdad es que Dios simplemente se negó a actuar cuando *ellos* le llamaron! Sus motivos le habrían restado Gloria a Dios, que es Soberano. La mujer de esta historia, como muchos de nosotros, no carece de fe, ¡sino que todavía no ha encontrado la respuesta!

En Romanos 10:17, dice: *"Así que la fe viene del oír, y el oír, por la palabra de Cristo"*. Esa mujer anónima escuchó el evangelio (las buenas nuevas) acerca de Cristo, y la Palabra dice que ella se dirigió a la Verdad, confiando con todo su corazón que, si tan solo pudiera tocar el *tzitzit* de la vestidura exterior de él, ella sería sanada. ¡Vaya!

¡Esa mujer confiaba sin dudarlo! Tal y como dice la historia, ella se abrió camino a través de la multitud, tocó la ropa del Maestro, ¡y fue sanada al instante! Pero entonces, ocurrió lo inimaginable... ¡La atraparon!

Puedo imaginarme su mente con viejas mentiras a mil por hora: *"eres impura"*, *"no deberías estar cerca de otras personas"*, *"hay algo mal contigo"*, *"tu aflicción es tu culpa"*, *"no eres nadie"*. Y, aun así, frente a ella, estaba la Verdad... Ahí estaba Él... ¡El Hijo de Dios!

Me encanta lo que hizo esa valiente mujer. Aunque tenía miedo, se acercó, yació a los pies de Jesús y le "dijo TODA LA VERDAD".[16] ¡Se confesó con Cristo, fue AUTÉNTICA ante Él! Ella confió en Él lo suficiente para decirle la verdad. Fue esa confianza sin dudas lo que la sanó. Lo que es más, en lugar de considerarla una mera mujer con una aflicción, Jesús redimió su identidad y valor al llamarla "Hija". Y finalmente, Él le devolvió su valor eterno, ¡pues su historia ha sido contada por generaciones!

La confianza es algo muy importante para Dios. Él habla mucho sobre ella a lo largo de la Palabra. Solo quiere que confiemos *en Él*, sino también poder confiar *en nosotros*. Algunos leen la Palabra y deciden que se trata de mandamientos y de que debemos obedecer la Ley. No obstante, yo leo la Palabra y veo pactos de amor y Su deseo de que CONFIEMOS en Él, ¡a sabiendas de quiénes somos y de a quién pertenecemos!

Me pregunto si Adán y Eva comprendieron que "eso" era un "problema de confianza" con el Padre, no solo un límite...

"El Cambio", parte uno
CAPÍTULO SIETE

En ti pondrán su confianza
los que conocen tu nombre,
porque tú, oh Señor,
no abandonas a los que te buscan.

Salmos 9:10

Todo nuestro caminar con Dios es un problema de confianza. La verdadera confianza solo puede existir y prosperar en una relación en la que seamos libres de rechazarla. En aquel frondoso jardín, Dios incluyó un fruto prohibido; el Árbol del Conocimiento del Bien y del Mal. Por la Palabra, sabemos que "Dios es bueno" y que el mal (*Ra'* en hebreo) es todo aquello que se aleja de Dios, que es bueno. En lugar de esconder este Árbol en alguna parte distante y apartada del mundo, Dios lo puso en el mero centro de su base de operaciones, lo que permitió a los seres humanos tomar, diariamente, la decisión de solo confiar en Su Bondad o alejarse de Él y hacer lo que quisieran. El pecado nace del deseo de querer hacer las cosas por nuestra cuenta, alejándonos de la voluntad de Dios. El Árbol no era una prueba de obediencia o lealtad, sino un problema *de confianza.*

Si somos realmente honestos con nosotros mismos, muchas veces en nuestras vidas realmente no CONFIAMOS en Dios y en que todo lo que Él hace "lo hace por nuestro bien."[17] Como muchos otros, he vivido una contradictoria vida por años. Por una parte, amaba a Dios, pero, por la otra... no confiaba en Él. A mis ojos, Él me había defraudado, no había estado a la altura de mis expectativas. Cuando más le necesité, parecía que Él no estuvo ahí. Así que vivía la vida a mi manera, haciendo lo que "yo" creía que estaba bien, pero, en realidad, llevaba mi carga de una relación desastrosa a otra.

Después de casi dos décadas de hacer eso, imploré desesperadamente a ese Dios al que amaba y odiaba. Había llegado al final de mí misma. No sabía cómo sanar todo el dolor que había acumulado con los años. Ya no podía esconderme tras la máscara de la perfección, porque la fea raíz de la amargura se filtraba por las costuras y afectaba a quienes se relacionaban conmigo. Las personas que sufren sí que hacen daño.

Esa noche, le pedí a Dios que fuera a la raíz misma de todo mi dolor y amargura. Con toda sinceridad, le dije que no podía soportar el dolor de recordar ni siquiera el día de ayer; y que, por lo tanto, ¿cómo iba a volver atrás a recorrer semanas, meses y años de dolor acumulado? Permitirle el acceso a rincones oscuros, cerrados, encadenados y fuertemente custodiados de mi corazón fue un acto de confianza. Sin embargo, estaba decidida a confiar en Él.

Como respuesta a mi voluntad de confiar en Él con todo mi corazón, ¡Dios envió a Su hijo! En ese oscuro dormitorio, Jesús apareció junto a la cama y me pidió que tomara su mano para llevarme al momento que cambió de mi vida, la raíz de todo mi dolor. En ese momento, no me quedaba nada más que confiar en Él, así que tomé Su mano.

De repente, lo que parecía una gran pantalla de cine apareció ante mis ojos. Me vi a mí misma cuando era una chica de quince años y estaba tumbada en el sofá, enferma, una tarde. Recuerdos de aquel día, ocultos y encerrados en rincones profundos de mí, proyectados desde mi corazón para que todos los vean. Ese día, me había quedado en casa por un resfriado y, mientras la escena se desarrollaba ante mí, vi a mi hermano pequeño de cinco años entrar y jugar con su garaje de coches de juguete. Todo iba bien hasta que mi padrastro, quien era alcohólico, entró en la sala. Yo conocía bien los indicios de que habría problemas y, cuando él empezó a meterse con mi hermano, recogí instintivamente y en silencio mi ropa de cama, caminé de puntillas hasta mi dormitorio y me escondí bajo las sábanas. Pasaron solo unos instantes antes de que oyera sus pesados pasos por el pasillo. La puerta de la habitación se abrió de golpe y su cuerpo de un metro noventa de estatura y noventa kilos de peso llenó el umbral. Sus gritos no me afectaban, pues ya había oído antes todas sus mentiras... *"¿Quién te crees que eres...?"*, *"¡No eres nadie...!"*,

"¡Nunca llegarás a nada...!", *"¡Cómo te atreves a tener esa actitud conmigo...!"*. Lo que me preocupaba eran los golpes. Me escondí aún más bajo las sábanas.

Cuando se dio cuenta de que los golpes no me hacían daño, removió las sábanas y empezó a golpearme con sus grandes puños. En mi cabeza, oí una voz que decía: *"¡Levántate!"*. Salté de la cama y apoyé los pies en el suelo, pero no tenía adónde ir porque él seguía bloqueando la puerta. Me quedé de pie frente a él, pero sin atreverme a decir una palabra.

Lo siguiente que recuerdo es un fuerte puñetazo en la mejilla que hizo que mi pequeño cuerpo de un metro cincuenta y siete cayera al piso. Volví a escuchar la voz... *"¡Levántate!"*. Así que sujeté un lado de la cama y me levanté. Una vez más, me paré ante él. Otro puñetazo en la cara y caí de nuevo al suelo. Esto ocurrió una y otra vez hasta que no pude levantarme.

Ver esa escena me dio ganas de vomitar. Aquella vez, me dio tal paliza que no pude ir a la escuela por dos semanas. Pero eso no fue lo peor. Dejé de hablar. Finalmente, tras semanas de una casa llena de tensión y silencio, mi madre (que sobrellevaba toda esa disfunción lo mejor que podía[18]) se enfrentó a mí y me dijo: *"No me importa cómo vayas a solucionar esto, ¡pero TÚ tienes que solucionarlo!"*. Me hizo pedir disculpas al hombre que me golpeó sin motivo. Sin que nos diéramos cuenta en ese momento, esa orden me llevó a una vida entera de sentirme como si yo fuera la culpable de que los hombres abusaran de mí.

Me aparté de la "pantalla", miré fijamente a Jesús, que seguía cogiéndome de la mano, y le espeté con rabia:

—¡YO CONFIÉ EN TI! CUANDO ERA UNA NIÑA DE 15 AÑOS, TE AMABA Y CONFIABA EN TI... ¡PERO NO HICISTE NADA!

Jesús me miró compasivamente y me dijo:

—Déjame mostrarte lo que realmente sucedió ese día. Entonces, con un gesto de su mano, la escena se rebobinó y volvió a empezar:

Yo estaba acostada en el sofá. Llegó mi padrastro y se empezó a meter con mi hermano. Me fui de puntillas a mi dormitorio. Mi padrastro entró en mi dormitorio y comenzó a golpearme. Escuché la voz: "¡Levántate...!"

Jesús intervino:

—Yo era esa voz. En esta vida, recibirás golpes, pero los afrontarás de pie. Eres una mujer fuerte.

Le recordé:

—Aun así, no me ayudaste...

Y él dijo:

—Mira...

Los golpes se repitieron una y otra vez, hasta que ya no pude levantarme... Esa vez, sin embargo, mientras miraba la "pantalla" que tenía ante mí, había una *cúpula* invisible que nos rodeaba tanto a mi padrastro como a mí durante ese episodio. Le pregunté a Jesús qué era esa cúpula.

Él respondió:

—Es la 'patria potestad'. Hemos dado muchos derechos a los padres para educar a sus hijos. Como tus padres no eran creyentes, no pude intervenir. Sin embargo, déjame mostrarte lo que hice...

Y la escena volvió a rebobinarse:

Yo estaba acostada en el sofá. Llegó mi padrastro y se empezó a meter con mi hermano. Me fui de puntillas a mi dormitorio. Mi padrastro entró en mi dormitorio y comenzó a golpearme. Escuché la voz: "¡Levántate!". Mi padrastro agarró vuelo para golpearme...

Vi cómo su puño (en cámara lenta) impactaba mi mejilla izquierda, empujando mi cabeza violentamente hacia la derecha y mi cuerpecito al piso. Sin embargo, mientras eso sucedía, noté que el cuerpo de Jesús, que había estado todo ese tiempo conmigo, se mezclaba conmigo y se convertía en parte de mí en la pantalla. Cuando el golpe me alcanzó, su cabeza salió despedida violentamente (junto con la mía) y caímos juntos al suelo. Sus brazos y sus manos me ayudaron a levantarme. Luego, estaba nuevamente de pie, mezclado conmigo, esperando el siguiente golpe.

Me quedé mirando la escena, sin palabras. Después de un momento, Él acercó mi rostro hacia el Suyo y dijo:

—NUNCA te abandoné. Sentí TODO; todo el dolor, todo el daño... Lo enfrenté yo también. Nunca te dejé y nunca, nunca te dejaré.

Años de dolor reprimido y de abandono percibido salieron a la luz. Caí de rodillas, rodeé sus rodillas con mis brazos y le pedí perdón por haber estado enfadada con Él todos estos años. Se arrodilló y me abrazó por mucho tiempo, meciéndome como lo haría un padre.

Entonces, Él dijo:

—Necesito mostrarte una cosa más; ya que no estás libre de culpa en este asunto.

Eso me sorprendió, no me ofendió, pues entonces, después de arrepentirme y ver las cosas a través de Sus ojos, confiaba en Él. Así que la escena *volvió* a rebobinarse...:

Yo estaba acostada en el sofá. Llegó mi padrastro y se empezó a meter con mi hermano. Me fui de puntillas a mi dormitorio. Mi padrastro entró en mi dormitorio y comenzó a golpearme. Escuché la voz: "¡Levántate!". Mi padrastro agarró vuelo para golpearme... Jesús me ayudó a levantarme...

Al abrir los ojos a la realidad, ahora veía la verdad desde la perspectiva de Dios. En esta escena, vi cómo me levantaba del suelo de nuevo a través de Sus ojos. Esta vez, mis ojos se enfocaron en mi padrastro mientras él se preparaba para asestar otro puñetazo. Justo antes de que me golpeara, de mis ojos salió disparada una cuerda plateada que envolvió su cuerpo y el mío.

Sorprendida, miré a Jesús y le pregunté qué era aquello.

Él respondió:

—Es el juicio. Le juzgaste aquel día y, a partir de entonces, él estuvo destinado a tratarte de la misma manera en que le juzgaste.

Apenas pronuncié las palabras "por favor, perdóname", la cuerda se rompió. El arrepentimiento no sólo liberó a mi padrastro, sino que me permitió ser yo misma con Dios. Desde entonces, confié plenamente en Él.

Tardó años, pero mi padrastro acabó haciendo las paces con Dios y mi corazón se afligió cuando perdió la batalla con una larga enfermedad. No solo yo le amaba y le honraba, sino que también tuve el honor de oficiar su funeral.

Cuando crie a mis hijos, esperaba que confiaran en mí. Cada decisión que tomaba era por su bien, porque los amaba. No creo que los padres deban explicar a sus hijos todas sus acciones. De la misma manera, con Dios, a menudo sentimos la "necesidad de saber". Si Dios se hubiera sentado conmigo en el sofá ese día y me hubiera advertido que iba a recibir una horrible paliza sin ninguna razón obvia, ¡yo habría tomado cartas en el asunto y planeado un curso de acción diferente para el resto del día! Aunque estaba enferma, me habría escondido en mi armario o hasta habría ido a casa de una amiga. Eso podría haberme convertido en una cobarde y sumirme en una espiral de evasión por el resto de mi vida. Hoy soy fuerte gracias a lo que Él me permitió pasar.

Por nuestro propio bien, Dios, nuestro Padre, quiere que confiemos en su inmenso amor por nosotros. En los momentos difíciles, nuestra primera pregunta debería ser: "Señor, ¿qué quieres que aprenda con esto?". Luego, debemos encarar valientemente la prueba confiando en Su bondad y sabiendo que Él está allí con nosotros, sintiendo TODO lo que hacemos y enfrentándolo Él también. Cuando superamos un problema, no solo nos queda un testimonio, sino también la retrospectiva, que es una valiosa herramienta. Ver las cosas en retrospectiva suele permitirnos tener una visión más amplia.

Sea lo que sea por lo que estemos pasando, siempre habrá más que lo que vemos y percibimos, ¡ya que a Dios le importa cómo superamos "eso"!

"El Cambio", parte dos
CAPÍTULO OCHO

"Cuando la mujer vio que el árbol era bueno para comer,
y que era agradable a los ojos,
y que el árbol era deseable para alcanzar sabiduría,
tomó de su fruto y comió;
y dio también a su marido que estaba con ella,
y él comió".

Génesis 3:6 (LBLA)

Los problemas rara vez entran en nuestras vidas por la puerta grande. Más bien, aparecen por sorpresa y nos dan un "puñetazo" cuando menos lo esperamos. No hubo indicios, alarmas ni advertencias el día en que "Nahash", la criatura que siseaba (que también fue creada por la mano de Dios), apareció junto al árbol prohibido del Jardín. Según todos los testimonios, ese día (como todos los demás) fue un día normal en el Paraíso.

La falta de sorpresa de Adán y Eva ante la aparición de esta criatura me hace preguntarme si ya estaban acostumbrados a su presencia. ¿Habrá estado con ellos y les había estudiado lo suficiente como para conocer sus puntos débiles y ganarse su confianza? ¿Habrá escuchado insinuaciones de cierto anhelo secreto de conocimiento prohibido? ¿Con el tiempo, habrá plantado semillas de duda, sabiendo que toda desobediencia fluye de la desconfianza? ¿Les habrá hecho preguntarse *por qué* podían comer libremente de cualquier árbol del Jardín menos de ese?

"¿Por qué?" es la pregunta clave. Las respuestas a "¿quién?", "¿qué?", "¿cuándo?" y "¿dónde?" se responsen directamente con hechos y son fáciles de comprender. Podemos creer que ya lo sabemos todo sobre una situación hasta que consideramos la motivación subyacente, el "¿por qué?". Cuando hacemos esa pregunta, inferimos que **sabemos** "qué" es lo mejor y obligamos al receptor de a justificar su postura, cuestionando así su fiabilidad y, en última instancia, la profundidad de su amor por nosotros.

Cuando Dios presentó el Jardín a Adán, encomendándole la importante tarea de cultivarlo y cuidarlo, le ordenó que no comiera "del árbol del conocimiento del bien y del mal... porque el día que de él comas, ciertamente morirás". Me pregunto si Adán se dio cuenta de que Dios no dijo "*si* comes de ella". Dios, que ve la línea del tiempo desde el principio hasta el final y nos conoce íntimamente, sabía que el hombre, en efecto, comería de ese árbol.

En el momento en que Dios dio ese mandamiento, Eva estaba oculta dentro de Adán. En algún momento, Adán transmitió ese mandamiento a Eva. Sin embargo, estoy casi segura de que Adán añadió, al mandato de Yahvé, una advertencia a Eva como "¡ni lo toques!". Una cosa que he aprendido de la vida es que, cuando intervienen seres humanos, siempre hay contradicciones o diluciones de la verdad. Añadiendo a lo que Dios dijo, no puedo evitar preguntarme si Eva se habrá cuestionado por qué las ardillas, los pájaros y la serpiente no murieron al "tocar" el árbol. Uno puede estar muy cerca de la Verdad y, sin embargo, esquivarla por kilómetros.

<hr />

Al igual que ocurre con los dados en los juegos de mesa, los días "especiales" son inevitables. Es cuando todas las piezas históricas encajan y nuestra respuesta a una situación dada determina nuestro futuro. Antes de ese día "especial" en el Paraíso... Todo lo que se había dicho, aprendido y compartido podría haber culminado de una manera como esta...

Aquel día histórico, Adán y Eva caminaron juntos de la mano hacia el interior del Jardín. Tras un baño matutino en los manantiales, se dirigieron al centro para desayunar fruta del Árbol de la Vida y del follaje circundante. Mientras Eva rodeaba el Árbol para coger algunos vegetales, oyó el ruido de alguien comiendo cerca. Por el rabillo del ojo, vio a Nahash, la criatura que siseaba. Esta criatura estaba apoyada en el árbol prohibido sosteniendo la suculenta fruta que le chorreaba por el brazo.

Con una mano, se limpió la boca mientras dejaba escapar un agradable "¡mmm!" de sus labios. Miró a Eva y le preguntó inocentemente:

—¿Acaso ha dicho Dios: "No comeréis de ningún árbol del jardín"?[19]

Eva, que había hablado a menudo con esa criatura, respondió a esa pregunta diciendo:

—Del fruto de los árboles del huerto podemos comer; pero del fruto del árbol que está en medio del jardín, ha dicho Dios: "No comeréis de él, ni lo tocaréis, para que no muráis".[20]

La serpiente hábilmente señaló algo que era verdad para probar un punto que no lo era, lo cual, en última instancia, incrementó la brecha entre Dios y esas personas. Le tendió la fruta a medio comer y replicó:

—¡Seguro que no morirás![21]

La prueba estaba ahí. No solo había *tocado* el árbol, sino que estaba comiendo de su fruto, y no había pasado nada. Ningún rayo cayó del cielo. La criatura no graznó ni se quemó en una pila humeante. ¡Sino que, más bien, se quedó allí disfrutando felizmente de cada jugoso bocado!

Entonces, como suelen hacer los hombres, Nahash proyectó su propia culpa sobre la vulnerabilidad de otro. Con astucia, siseó suavemente: "...Pues Dios sabe que el día que de él comáis, serán abiertos vuestros ojos y seréis como Dios, conociendo el bien y el mal".[22] No solo fue esto lo que causó la expulsión de Lucifer del cielo, sino que también insinuó manipulativamente que no se podía confiar en Dios. De esa afirmación, se podría pensar que Dios, en Su inseguridad, se vería amenazado si alguien más fuera *como* Él; es decir, con conocimiento del bien y del mal.

Sin embargo, ahí, ante sus ojos, estaba una criatura viviente que era sabia con respecto al bien y al mal. Obviamente, esa criatura sabía algo que ellos no. A menudo, adoptamos el carácter de aquellos a quienes dejamos entrar en nuestra vida. En lugar de volverse hacia Adán y decirle: "Cariño, esto no concuerda con lo que me dijiste, y creo que algo no está bien aquí", Eva eligió confiar en lo que vio y en lo que pensó que era mejor. ¡Solo puedo imaginar cómo habría sido ese día si ella hubiera conocido a Dios lo suficientemente bien como para confiar en Su amor por ella!

La Palabra dice que el árbol prohibido era "*deseable* para alcanzar sabiduría".[23] Esta palabra, "deseable", se dice "*châmad*" en hebreo, lo que significa desear, codiciar o anhelar. ¿Está mal que uno quiera ser sabio? Ella anhelaba algo bueno. Después de todo, ¿no sería fantástico tener largas e inteligentes conversaciones con Dios, que es omnisapiente?

Lamentablemente, muchos desean cosas buenas y luego las "espiritualizan" al racionalizar que tener ciertas cosas, dones o talentos los llevará de alguna manera a un nivel "superior" junto a Dios.

"Si tan solo pudiera predicar como…"
"Si tan solo las personas fueran destruidas
o sanadas al yo orar por ellas…"
"Si tan solo pudiera ser el vocero de una revelación de Dios…
Eso me haría un profeta…"
"Si tan solo pudiera alcanzar un nivel junto a
Dios que nadie más haya alcanzado…"

Todos esos deseos son de naturaleza "luciferina". Alguien que quiere ser *como* Dios quiere estar por encima de los demás. El enfoque está en el "yo" y en lo que "yo" puedo obtener. La retórica que tuvo lugar en la base del árbol prohibido es el origen del mal (*ra'*, que significa todo lo que no es el bien). Dios, que es Bueno, revela lo que piensa con respecto a la santidad de las relaciones a través de las palabras de Pablo en la segunda epístola a los Corintios 11:2-3 (LBLA):

"Porque celoso estoy de vosotros con celo de Dios; pues os desposé a un esposo para presentaros como virgen pura a Cristo. Pero temo que, así como la serpiente con su astucia engañó a Eva, vuestras mentes sean desviadas de la *sencillez* y *pureza* de la *devoción* a Cristo".

Casi puedo escuchar el ensordecedor silencio mientras todos los habitantes del cielo contuvieron la respiración y la creación quedó de piedra, a la espera de la decisión. Puedo ver a la serpiente cómodamente apoyada contra el majestuoso árbol, dejando que el sol iluminara la jugosa fruta mientras mantenía su mirada fija en la de Eva. La criatura conocía las debilidades de las personas y estaba apostándolo todo en ese momento. La criatura, apartada de la presencia del Amor, se llevaría a toda la humanidad con ella al Juicio y, al final, usaría el poder del amor en contra del Amor mismo.

Como espectador que imagina esta escena eones después, le grito a Eva: *"¡DATE LA VUELTA, EVA! VUELVE TU MIRADA A ADÁN. ¡ÉL SERÁ TU HÉROE SI SE LO PERMITES!".* Entonces, le grito fuertemente a Adán: *"¡DESPIERTA! ¡DIOS TE CREÓ PARA SER EL HÉROE! ¡ESTE ES TU MOMENTO, SUBE AL CUADRILÁTERO Y SÉ EL HOMBRE!".*

Lamentablemente, no pudieron escuchar las advertencias de millones de descendientes sembrados en sus entrañas, y Eva extendió la mano, tomó el fruto del árbol… y comió. Luego, le dio un poco a su esposo, quien estaba con ella, y él comió. Nahash les dedicó una sonrisa a los dos, dio otro jugoso bocado a la fruta y se sentó en la exuberante hierba para observar cómo se desarrollaba el pecado.

En su estado anterior de inocencia y pureza, ellos no comprendían plenamente que el pecado, en su raíz, es simplemente apropiarnos de lo que Dios no nos ha dado.

A lo largo de los años, he escuchado que, a ese día "especial", se le llama la "caída del hombre", comparándolo con cuando Lucifer cayó de los cielos. En mi opinión, sería más apropiado denominarle "La elección" o "El cambio".

En ese fatídico momento, la humanidad pasó de confiar totalmente en Dios a confiar en su propia sabiduría. Las relaciones se basan en la confianza. Aunque Dios habría venido en un nanosegundo si lo hubieran convocado, ellos confiaron en su propio juicio. Sin darse cuenta de "eso", su declaración de independencia impactó a todo el cielo y a toda la tierra por toda la eternidad... pero Dios sabía que "eso" sucedería...

Consecuencias

CAPÍTULO NUEVE

"¿Quién te ha hecho saber que estabas desnudo?
¿Has comido del árbol
del cual te mandé que no comieras?"

Génesis 3:11 (LBLA)

Cuando nuestro hijo regresó de servir a las fuerzas armadas en el extranjero, su forma de lidiar con asuntos dolorosos era pasar el rato con los muchachos, jugar al póquer, beber y Dios sabe qué más, hasta altas horas de la madrugada (y a veces toda la noche). Ese comportamiento no me sentó bien, porque, en mi opinión, él debía pasar tiempo en casa con su esposa y su hijo. Cada vez que pasaba por mi casa de visita, yo enfáticamente le hacía saber que lo que estaba haciendo estaba mal. No pasó mucho tiempo antes de que mi actitud crítica abriera una GRAN brecha entre nosotros.

Un día, mientras yo estaba sentada en los escalones del patio, derramando mi corazón ante Dios y lamentándome porque nuestro hijo estaba en un lugar *diferente* a donde *debía* estar, Él me recordó a *mí*. El Espíritu Santo dijo: "¿Recuerdas cuando *tú* buscabas *tu* amor, aceptación y valor en todos los lugares equivocados?"

Por supuesto que sí. Nadie gritó "¡QUÉ VERGÜENZA!" más fuerte que yo. Nadie tuvo que decirme que lo que estaba haciendo estaba mal porque el "conocedor" en mí lo sabía. En esos días de buscar y hacer todo mal, yo no gravitaba hacia la casa de mis padres, sino hacia la de mis abuelos. Sentada alrededor de esa pequeña mesa de comedor cómodamente instalada en la cocina, mi abuela dejaba de lado cualquier cosa que estuviera haciendo y no *me hablaba*, sino que *hablaba conmigo*. Ella me hizo sentir tan valiosa que me desafió a superar mis vergonzosas circunstancias. ¿Acaso ella me entregó tomos enteros de sabios adagios o consejos cuidadosamente seleccionados? No. Ella simplemente me amaba. "Amor" a menudo se escribe "TIEMPO". Al igual que la palabra hablada, es una de las pocas cosas que nunca podemos recuperar una vez que lo damos.

Humilde, prometí, a partir de ese día, ser *ese* tipo de mamá para mis hijos. Al poco tiempo, Matthew se sentía seguro y lo suficientemente amado como para hablar de sus problemas con nosotros. Hoy, muchos años después, él y su esposa están bien, y él me llama a menudo... solo para hablar.

No existen planes paso a paso, fórmulas fáciles ni encantamientos mágicos para superar pruebas o salir de problemas. Es la manera que tiene nuestro Padre de honrarnos. Él nos ha dado todo lo que necesitamos para superar los obstáculos de la vida. ¡Lo que Él nos ofrece a cambio es una relación! Al igual que mi abuela, Él pasará ese TIEMPO y simplemente nos amará; eso sí, siempre que salgamos de nuestro escondite y nos sentemos a Su mesa.

***

¡Qué diferencia puede marcar un momento en nuestras vidas! En un instante, Adán y Eva abandonaron la relación con el Padre, reclamaron su independencia y se encontraron huyendo. El "conocedor" dentro de ellos *sabía* que habían cometido un gran error. Juntos, cosieron algunas hojas de higuera para cubrir su desnudez y ocultar su vulnerabilidad al otro... y a Dios.

Jerusalén, como se registra en Lamentaciones 1:8-9 (LBLA), también había metido la pata:

> *"En gran manera ha pecado Jerusalén, por lo cual se ha vuelto cosa inmunda. Todos los que la honraban la desprecian porque han visto su desnudez, y ella*

gime y se vuelve de espaldas. Su inmundicia está en
sus faldas; no consideró su futuro [su destino]..."

Un viejo amigo mío, Tom Belt, escribió sobre "La santidad del momento" en una publicación en las redes sociales hace unos años. No recuerdo qué más decía, pero esas palabras resonaron en mi espíritu. Fui culpable de tomar *momentos de la vida* (todos preciosos) y desperdiciar su valor. No le di mucha importancia a hacer que cada uno de mis pasos estuviera orquestado por Dios. Corrí con ligereza por los momentos sin darme cuenta de que cada uno de ellos determinaba no solo *mi* futuro [mi destino], ¡sino el de los demás también! Como muchos de nosotros, no creo que Adán y Eva hayan considerado plenamente las ramificaciones que su precipitada decisión tendría en su futuro o en el de su descendencia.

Cada una de nuestras decisiones tiene consecuencias, buenas o malas. Cuando la elección de un momento es santificada y reservada para la voluntad de Dios y su bondad, todo está bien. Sin embargo, cuando el momento se enfoca en nosotros y en lo que queremos, acaba siendo un desastre. La iniquidad es el desordenado residuo del pecado: las duras consecuencias de actuar por fuera de la bondad de Dios.

Es teológicamente incorrecto interpretar lo que sucedió después en ese Jardín como un "Juicio", o que Dios "maldijo a la humanidad". Muchos de nosotros hemos llegado a creer que, en ese momento, Dios dejó de amarnos, retiró Su presencia, y que ahora está sentado en Su despacho de juez con un mazo en mano... *esperando* a que metamos la pata.

Más bien, ¡el Señor Dios, que lo sabe todo y aún nos ama apasionadamente, dejó de lado lo que estaba haciendo y les prestó toda su atención! Ellos sabían que Él los llamaría para pasar TIEMPO con Él y ser auténticos con Él. No puedo evitar preguntarme qué habría pasado en ese ambiente íntimo si se arrojaran al regazo del Padre y se arrepintieran de todo corazón, cada uno reconociendo sus acciones. Pero, normalmente, no hacemos eso cuando pecamos. En lugar de eso, nos escondemos.

Entonces, el Señor Dios le hizo señas: "Adán, ¿dónde estás?".[24] El Señor sabía dónde estaba Adán; pero Adán necesitaba saber dónde estaba él mismo. Adán fue creado aposicionalmente, era amigo del Creador del Universo, cultivador y guardián del jardín, acuñador de nombres de animales y esposo de Eva. Y, sin embargo, ahí estaba, encogido de miedo entre el follaje. Además, al adoptar el carácter de aquél a quien permitió entrar en su vida, procedió a engañar a Dios haciéndole creer que se estaba escondiendo *porque* estaba desnudo. En ese punto, cuando estaba respondiendo a Dios, Adán no estaba desnudo, sino ya cubierto (con hojas de higuera).

El Señor Dios ignoró ese feo residuo de pecado y se enfocó en el problema: que Adán permitió que el espíritu equivocado entrara en su vida. Dios dijo: "*¿Quién te dijo* que estabas desnudo?".[25] Debemos cuidarnos de lo que recibimos de los demás porque, a menudo, es más fácil creer las mentiras que la verdad sobre nosotros. Incluso Jesús rechazó un buen dicho porque procedía del espíritu equivocado.[26]

Entonces, Dios abrió la puerta, invitando a Adán a ir a la mesa de la verdad. Dios dijo: "¿Habéis comido del árbol del cual os mandé no comer?".[27] En un instante, Adán desvió la responsabilidad, señaló a su esposa y dijo: "***Esa mujer*** que ***Tú me*** diste para que estuviera conmigo me dio del árbol, y comí".[28]

En un momento, todo había cambiado. Sin pestañear, Adán sacrificó apresuradamente a quien adoraba, su compañera en esa aventura llamada *vida*, alguien que era carne de su carne y hueso de su hueso. Me pregunto cómo se habría desarrollado esa escena si Adán se hubiera arrojado sobre el altar y se hubiera ofrecido voluntariamente a sacrificar su vida por la de ella ese día.

Luego, para colmo de males, ¡Adán tuvo la audacia de culpar a Dios! "¡*Tú* me la diste, Señor!".[29] Al hacer eso, infirió: "¡En última instancia, es culpa *tuya*, no mía...! Cuando me creaste, hiciste algo bueno, pero, cuando la creaste a *ella*... Ella está defectuosa".

Entristecido, el Señor Dios miró a Eva. No le preguntó "¿por qué?", lo que la haría justificar *lo que* hizo. Más bien, dijo a Eva: "¿*Qué* es esto que has hecho?".[30] A primera vista, uno pensaría que Eva culpó plenamente al diablo por sus acciones. Sin embargo, su declaración fue realmente una confesión. Ella afirmó: "La serpiente me engañó, y yo comí".[31] Sí, el diablo jugó un papel, pero ella cayó en la trampa.

Desafortunadamente, siglos de humanidad han castigado a las mujeres por ese acto de Eva. Me resulta difícil entender por qué la humanidad ha culpado a las mujeres por una "maldición" cuando todo lo que Dios quería era que ambos seres humanos confesaran lo que hicieron. Las escrituras dicen que **Adán** fue quien afectó a toda la humanidad. Romanos 5:19 (LBLA) dice: *"Porque así como por la desobediencia de un hombre los muchos fueron constituidos pecadores, así también por la obediencia de uno los muchos serán constituidos justos".* Pablo culpa a Adán, no a Eva. Eva fue engañada y lo admitió, en parte porque Adán le comunicó una versión diluida del mandamiento de Dios acerca del árbol. Adán pecó con pleno conocimiento de lo que estaba haciendo.

Después de la confesión de Eva, el Señor Dios se volvió hacia la serpiente. Es interesante el que Dios haya permitido a Adán y Eva el honor de responder, pero que no le haya dado tal honor a la serpiente. En cambio, maldijo a la serpiente y la condenó a una vida revolcándose en el polvo sobre su vientre y a que su descendencia sea vengada por la descendencia de la mujer.[32]

A la mujer, dijo: "En gran manera multiplicaré tu dolor en el parto, con dolor darás a luz los hijos".[33] Desde entonces, la mujer se identifica con Dios Padre, quien da a luz un hijo en forma humana para cargar con todos los pecados de la humanidad. Ella se identifica con el dolor que sufrió el Padre al presenciar a su Hijo torturado y crucificado por aquellos a quienes ama. La mujer, que es representante de la Iglesia, sufrirá dolores de parto por la venida del Rey. (Mateo 24:8, Marcos 13:8)

Entonces, el Señor Dios profetizó sobre la mujer. Él le dijo que su *"Tshûwqâh"*, que significa su "cambio", su "deseo", o su "tender la mano" se dirigiría entonces hacia su marido. Que el Señor Dios lo haya declarado en ese encuentro, implica que era algo *nuevo*. De lo contrario, ¿por qué decirlo? Evidentemente, hasta ese punto, lo que a ella le llenaba era resultado de su relación con Dios Padre. Era Él quien la hacía sentir totalmente amada, aceptada y aprobada, y el valor de ella venía exclusivamente de Él. Sin embargo, la consecuencia de su declaración de independencia y desconfianza en Dios es que, desde entonces, ella necesita que su *esposo* satisfaga sus necesidades básicas de A.A.V. (es decir, saber que es amada, aceptada y que vale).

La respuesta de su esposo a esa exigencia es gobernarla. Tendemos a hacer eso con las personas "necesitadas" en nuestra vida. Cuando se nos asigna la obligación de que cuidemos absolutamente de ciertas personas y su felicidad depende de nosotros, eso, en esencia, nos da el "derecho" a gobernarles. Dios no tenía la intención de que obtuviéramos nuestro valor de nadie más que de Él. ¡El beneficio de saber íntimamente quiénes somos en Él es que eso nos libera y nos permite tener una relación sana con los demás! Eva estuvo en una relación sana con Adán hasta el momento en que se retiró de su relación sana con Dios. Además, esa declaración de Dios a la mujer: "Tu deseo será hacia tu marido, pero él te gobernará"[34] fue una exhortación a Adán para que se levantara y fuera el héroe que fue creado para ser. Cuando tenemos autoridad sobre las personas, somos *responsables* por ellas. Autoridad implica responsabilidad, no "señorío". Cristo, nuestro "líder", no nos manda, sino que, como nuestro Salvador, nos salva de nosotros mismos. ¡Él es nuestro héroe!

Antes de que la mujer surgiera de Adán, Dios le dio trabajos que lo capacitarían para saber cómo relacionarse con alguien como él, pero más frágil. Adán fue entrenado para ser cultivador, cuidador y sustentador. El jardín no necesitaba ser arado, sino desarrollado, atendido y trabajado. Además, como acuñador de nombres de animales, Adán aprendió la importancia de estudiar algo y darle propósito. En un capítulo posterior, volveremos a este tema cuando aprendamos cómo el esposo es responsable de santificar a su esposa [apartarla para el propósito de Dios], habiéndola purificado mediante el lavamiento del agua con la *palabra*. (Efesios 5:26)

En ese jardín, Dios no solo habló proféticamente sobre la mujer, sino que también le recordó a Adán su responsabilidad como cabeza de familia. No solo debes guiarla, cultivarla y llenarla de vida con tus palabras, sino que ahora tendrás que darle sustento. Tú, Adán, ahora tienes un nuevo trabajo. Me encanta la forma en que la <u>Biblia Judía Completa</u> describe Génesis 3:17-19:

> A Adán, le dijo: "Como hiciste caso de lo que dijo tu esposa y comiste del árbol del cual **a ti** te ordené: *'No comerás de él'*, la tierra está maldita por tu culpa; trabajarás duro para comer de ella mientras vivas. Te producirá espinos y cardos, y comerás plantas del campo. Comerás el pan trabajado con el sudor de tu frente hasta que vuelvas a la tierra, pues de ella fuiste sacado: polvo eres y al polvo volverás".

En primer lugar, Adonai aborda el tema de la desobediencia de Adán. Como un padre, Él dijo: "¡**Te dije** que NO comieras de él! Pero ignoraste totalmente Mis deseos y elegiste hacer caso a tu esposa, a quien permitiste fuera engañada. Me escuchaste, escuchaste a la serpiente y escuchaste a tu esposa; luego, voluntariamente elegiste desobedecer. ¡Tu declaración de independencia ha causado que la tierra misma esté maldita! Mi suministro de alimentos de fácil acceso cesará inmediatamente. A partir de ahora, tendrás que esforzarte mucho para comer. Adelante, Adán. Deseabas ser *como* Yo, así que ahora serás el Proveedor de tu familia".

¡Por muy duro que parezca, Dios, que es BUENO, obligó a Adán a levantarse y ser el hombre que debía ser! Adán fue creado para ser valiente, veraz, responsable de sus acciones y digno de confianza en sus relaciones. Todo y todos los que nos rodean se ven afectados por nuestras decisiones en la vida. Lo que hacemos y lo que decimos tiene un efecto espiritual, físico, financiero, mental y relacional.

En un día, debido a que Adán desobedeció una orden, permitió que su esposa fuera engañada, desvió la culpa, fue poco sincero y fue irrespetuoso con Dios (culpándolo a Él por haber creado a la mujer)… la tierra misma fue afectada. Nótese que Dios NO maldijo al hombre, sino que maldijo la tierra. Curiosamente, desde ese acontecimiento, la tierra, que es materia viva, ¡tiene la capacidad de maldecir al hombre! En Génesis 4:10-12 (LBLA), después de que

Caín [Kayin] asesina a Abel [Hevel], Dios dice: *"La voz de la sangre de tu hermano clama a mí desde la tierra. Ahora pues, maldito eres de la tierra, que ha abierto su boca para recibir de tu mano la sangre de tu hermano. Cuando cultives el suelo, no te dará más su vigor; vagabundo y errante serás en la tierra".*

El hombre no fue el maldecido el día de "la elección", sino la tierra. Desde entonces, Adán tuvo que pasar el resto de sus días haciendo lo que aprendió a hacer en el jardín (cultivando y cuidando la tierra) pero de una manera mil veces más difícil. La tierra, desde entonces maldita, produce espinos y cardos. El trabajo, destinado a la satisfacción y el disfrute, es desde entonces más duro.

Finalmente, debido al descaro de Adán cuando culpó a Dios por sus acciones, el Padre Dios le recordó a Adán su lugar. A Adán, que quizá deseaba en secreto ser *como* Dios (aunque fuera con buenas intenciones), Dios le recordó que "es polvo". Ups. ¡Imagínate escuchar eso del Dios de este Universo! Sin embargo, a veces, cuando no nos arrepentimos, necesitamos que alguien nos devuelva a la humildad. La humildad es la evaluación precisa del valor de uno mismo en comparación con la deidad a la que servimos, es saber verdaderamente quiénes somos.

Dios es Dios. Él siempre será Dios. Incluso en nuestros momentos más íntimos, amorosos, paternales y maritales con Él, somos Su creación y Él es nuestro Creador. Dios le dijo a Adán: "Cada día que trabajes la tierra, recuerda quién eres y que soy Yo quien te creó".

Echa un buen vistazo a las tierras salvajes, Adán, porque allí es donde volverás. Me pregunto si Adán habrá tragado saliva y pensado: «Soy hombre muerto». Porque lo siguiente que hizo fue hablar con su esposa y darle el nombre *"Em"* (Eva) porque ella sería la "madre de todos los vivientes".[35] Hasta entonces, ella era "la mujer", o *"Ishshah"*, que venía de *"Ish"* (hombre). Adán, después de haber sido amado *duramente* por el Padre Dios, dio un paso al frente y aceptó su propósito como cabeza de la unidad familiar, hablándole vida a la mujer.

Al final de ese encuentro, el Padre Dios se dispuso a brindar protección a la pareja, ya que la necesitarían para su viaje a su nuevo hogar. Me pregunto si Adán y Eva observaron mientras el Señor Dios elegía cuáles animales deberían morir en nombre de ellos. Eran criaturas que vivían pacíficamente con ellos en el Jardín. ¿Formaban parte de su familia, como las mascotas a las que nos encariñamos? Fueran las que fueran, estoy segura de que Dios eligió las criaturas perfectas para vestir a sus amados en el indómito entorno de las tierras salvajes.

Lo que menos se imaginaban era que comer del árbol prohibido haría que las personas se convirtieran, en esencia, como el Dios trino, ya que conocerían el bien y el mal. Tendrían que ser desterrados del Jardín para evitar que comieran del Árbol de la Vida y vivieran para siempre. Los seres humanos, diseñados para vivir eternamente, experimentarían desde entonces la muerte. Pero el Dios Soberano sabía todo esto antes de crear los cimientos de la tierra. Un día, Él se entregaría y redimiría (restauraría el valor, recuperaría) a la humanidad para Sí mismo.[36]

Cuando Adán y Eva se alejaron del Jardín, ¿el fuerte brazo de Adán sostuvo y consoló a la llorosa Eva, quien no era de las tierras salvajes?[37] ¿Tenían miedo o se sentían abandonados porque Dios no caminaba con ellos, sino que había expulsado al hombre? ¿Comprendieron que habían sido ellos los que se habían "divorciado" de su Pastor, que guía con solo el sonido de su voz? ¿Se sintieron humillados al ser conducidos como ganado? ¿Sintieron algún remordimiento en ese momento? ¿Sabían cuánto había sido el precio a pagar por esa acción?

"Eso" le costó la vida a la humanidad.

Para salvar a la humanidad, "eso" le costó *todo* a nuestro Salvador.

Héroes y brújulas
CAPÍTULO DIEZ

*"Porque el Señor ha creado algo nuevo en la tierra:
la mujer rodeará al hombre".*

Jeremías 31:22 (LBLA)

No se me ocurre nada peor que ser desterrado. Saber que todo lo que has llegado a conocer y amar sigue ahí, pero que nunca podrás volver a ello. Eso sería un tormento perpetuo e increíblemente aterrador. Ser expulsado es totalmente diferente a elegir irse. Quien mala cama hace en ella se yace. Pero el destierro implica vergüenza y deshonra.

No hay registros de los días posteriores a la expulsión de Adán y Eva del Jardín hasta que retomamos el relato de Caín (*Kayin*)[38] y Abel (*Hevel*)[39], sus hijos. De su triste historia, se pueden extraer algunos datos sobre la vida de Adán y Eva. En el tiempo que transcurrió desde su salida del Jardín hasta, al menos, la adultez joven de sus hijos, podemos suponer lo siguiente:

- Pudieron desarrollar algún tipo de vivienda y cultivar la tierra;
- Su vida era dura, como demuestra el hecho de que llamaron "Abel" (*Hevel*) a su segundo hijo, lo que significa "vacío";
- Desarrollaron fortaleza y "capacidad de supervivencia";
- Aún tenían relación con un Dios que los amaba;
- Enseñaron a sus hijos a reverenciar/adorar al Señor con ofrendas;

- La unidad familiar era disfuncional, como lo demuestra la ira subyacente de Caín.

He oído decir que los primogénitos se parecen a su padre. En el entorno universitario laico en que lo escuché, el razonamiento tras esa similitud biológica era que ayudaba a la supervivencia de la especie, ya que el hombre establecería vínculos con su semejante. Cuando se produce dicho vínculo, el hombre proporciona la crianza y la formación necesarias para que la unidad familiar prospere. *Si* esta afirmación es cierta (que, por cierto, me he dado cuenta de que todos los primogénitos que conozco se parecen al lado paterno de su familia), entonces podemos suponer que Caín se parecía y, muy probablemente, actuaba como su padre.

¿Estaba enfadado Adán? Probablemente. Solo podemos imaginar lo dura que se había hecho la vida para ellos. Adán no solo tuvo que desbrozar la tierra para plantar, sino que también tuvo que fabricar herramientas a partir de materias primas. En mi mente, lo imagino trabajando bajo el sol ardiente, luchando con un testarudo tronco de árbol y excavando a su alrededor por horas para desenterrarlo. Caín estaba cerca, removiendo las piedras del terreno y observando a su padre. Había aprendido a mantenerse a una distancia prudencial de sus arrebatos, Adán, casi completamente agotado, tiró con todas sus fuerzas, pero el tronco no se movió. Con el sudor goteándole por el rostro y escociéndole los ojos, se vio superado por el laberinto de emociones crudas y lo único que quería era llorar. Incluso eso le enfadaba. Exasperado, lanzó de manera irreverente puñetazos al cielo y gritó a pleno pulmón. Con tanto dolor, no encontró las palabras para decirle a ese Dios con el que una vez caminó; solo se le escapó un profundo sonido gutural: "¡¡¡AGGHHH!!!". Quedándose en el extremo más alejado del terreno, Caín pensó: «Va a ser una dura noche...».

Adán nunca lo admitiría, pero, en su fuero interno, guardaba rencor hacia Eva, a la que seguía culpando de su situación. Antes de ella, la vida era fácil. Claro que se sentía solo, pero la vida era buena. No había nadie cuya mera presencia le recordara el fracaso que él era. Ya estaba más que harto de sus palabras optimistas y sus ánimos vacíos; su vida apestaba por culpa de ella.

Entonces, en días como este, se encontraba él bajo un calor sofocante mientras ella estaba sentada a la sombra batiendo leche/mantequilla de una de las cabras de Abel. Recientemente, todo lo que ella hacía le molestaba. Hecho eso, tiró sus cuerdas trenzadas a mano y se dirigió hacia la casa.

Al ver a Adán caminar por el campo en su dirección, a Eva le invadió el pavor. Con agitación, repasó rápidamente en su mente la lista de cosas que tenía que hacer ese día. ¿Había ordeñado a los animales, limpiado la casa, remendado las ropas andrajosas y preparado la cena? Sí, sí, sí y sí. Sin saber por qué podría estar enfadado en ese momento, ella decidió mantener la calma.

Él se detuvo frente a ella y se cruzó de brazos. Antes de que ella pudiera decir nada, él le espetó:

—¿Se te ocurrió pensar que yo podría haber estado sediento por matarme a trabajar con este calor? No, probablemente no, ya que estás muy cómoda sentada a la sombra. ¿A eso ha llegado este matrimonio? ¿A que solo pienses en TI? Yo estoy fuera trabajando como un esclavo para la familia, pero tú pareces tener siempre tiempo para descansar. ¡Debe ser muy cómodo...!

Tras una larga noche de palabras hirientes y sentimientos heridos, Adán y Eva, agotados, se acostaron a dormir. Mientras cada uno se lamía sus respectivas heridas, no podían evitar preguntarse: «¿Cómo hemos ido a parar a *esto*?». Aquello que estaba destinado a la perfección era ahora muy disfuncional. Adán el Airado y Eva la Encogida necesitaban encontrar alguna forma de solucionar todo eso.

Dios no nos abandona en esos momentos. Una de las formas en las que Él honra a la humanidad es permitiéndonos salir de los líos (normalmente, líos en los que nos metemos nosotros mismos). Adán y Eva, en días pasados, habían pasado TIEMPO en la Presencia del Amor. Conocieron al Amor Mismo. Solo tenían que buscar la manera de dejar que el Amor fuese su brújula.

Nuestro sistema de guiado por GPS necesita recalibrarse de vez en cuando. Mi esposo y yo atravesamos un período difícil cuando éramos los nuevos pastores de una iglesia que sufrió una devastadora división después de que los anteriores responsables malversaran decenas de miles de dólares. Una parte de la congregación quería nuestras cabezas, mientras que la otra se mantenía firme y fiel. Fue un período difícil de nuestras vidas, ya que soportamos acusaciones hirientes y acoso. Para echar más leña al fuego, yo trabajaba cuatro días a la semana, cursaba mi máster a tiempo completo y ayudaba a mi esposo en la iglesia el resto del tiempo.

Las necesidades de la iglesia y de la gente de la comunidad consumían casi todos nuestros recursos. La batalla emocional de quienes nos querían fuera de allí arrasó con lo que quedaba de nosotros, y nos quedó poco para alimentar nuestra relación. Con el tiempo, empezamos a discutir y a resentirnos mutuamente. Las fuerzas que usábamos lidiando con las dificultades nos estaban separando.

Por aquel entonces, yo trabajaba para Northwood's Outfitters en Greenville, Maine, mientras terminaba mi máster. Una tarde de invierno, mi jefe, Mike Boutin, me dijo:

—¿Por qué no cogéis Jesse y tú un par de motos de nieve, os dais una vuelta y… os divertís?

Como le pareció una idea genial, Jesse empezó a trazar nuestra ruta con los guías locales, quienes nos enseñaron el sistema de senderos y cómo tomar un atajo para cruzar el lago y volver a la tienda cuando hubiéramos terminado (el Lago Moosehead, en las Montañas Longfellow, tiene aproximadamente 65 kilómetros de largo por 16 de ancho y una profundidad máxima de 75 metros).

Aquella tarde, realizamos un magnífico recorrido por las montañas de la Región de Maine Highlands; no podríamos haber pedido mejor tiempo ni mejores condiciones. ¡Qué aventura más bonita! Cuando el sol de invierno empezó a ponerse, nos dirigimos al sendero que nos llevaría al lago. Cuando llegamos al lago, ya era de noche. Nos detuvimos un momento y contemplamos esa extensión de hielo arrastrado por el viento. Estaba un poco nerviosa por salir al deslumbrante hielo, pero Jesse me tranquilizó diciéndome que simplemente le siguiera y desplazara mi peso a la parte trasera de la máquina.

Cuando empezamos a cruzar el lago en la oscuridad, no tenía ni idea de que algún profundo manantial bajo el lago se había desprendido y estaba derritiendo el hielo de abajo arriba. A pocos kilómetros de iniciar el viaje, Jesse empezó a romper el hielo frente de mí, pero no podía detenerse sobre hielo delgado con una máquina de 275 kilos: él solo podía rogar que yo le siguiera a toda velocidad.

Por desgracia, su máquina estaba debilitando el hielo, ya de por sí delgado, y la mía empezó a tambalearse arriba y abajo. Intenté seguirle el ritmo y desplacé mi peso hacia la parte trasera de la moto de nieve para tener mejor control. Fue entonces cuando choqué con un montículo de nieve dura arrastrada por el viento y mi máquina voló por los aires. En cámara lenta, aterricé en el hielo y vi cómo esa máquina de 275 kilos caía sobre mí.

La fuerza del choque rompió el delgado hielo, inmovilizándome bajo el agua. Uno de los esquís y la barra de remolque trasera se engancharon en parte del hielo alrededor del agujero, lo que dejó la máquina suspendida sobre mí.

No temo morir, ¡pero de ninguna manera querría morir ahogada en un abismo oscuro bajo el hielo! Me agarré a la máquina, que estaba volteada y en precario equilibrio, traté de moverla con el pie con todas mis fuerzas y busqué frenéticamente hielo sólido. Finalmente, conseguí incorporarme sobre una superficie semisólida. Luego, tumbada boca abajo, me arrastré temerosa por el hielo que se resquebrajaba hasta que estuve a salvo y lejos de aquel horrible agujero.

Todavía respirando entre jadeos cortos de pánico, levanté la vista para decidir mi siguiente acción. Fue entonces cuando vi el faro de la moto de nieve de mi esposo muy, muy lejos en la distancia... desapareciendo en la negra noche. Él no tenía ni idea de que yo había roto el hielo y, aunque lo supiera, no podía detenerse, ya que el hielo se estaba resquebrajando debajo de él. Estaba sola, muy sola. La desesperación se apoderó de mí. ¿Qué iba a hacer? Recé, *"Oh, Dios... Así no. No quiero morir así"*. Mis palabras, como pequeñas bocanadas de humo, se presentaban visiblemente ante mí en el frío aire. Tumbada sobre el débil hielo, nunca me sentí más sola.

Entonces, ¡lo vi! La pequeña luz a lo lejos giró y vino en mi dirección. Estaba dividida por dentro. Una parte de mí gritó a la oscuridad:

—¡Regrésate! ¡Regrésate! ¡Te hundirás en el hielo! ¡Regrésate!

La otra parte de mí le daba la bienvenida a ese héroe que volvía a cruzar el peligroso lago para buscarme.

Muchos hombres no lo habrían hecho. Otros, *quizá*, una vez a salvo en la otra orilla del lago, llamarían al 911 y luego esperarían a que me salvaran personas cuya ocupación les exige arriesgarse. Mi esposo no. Sin duda alguna, daría su vida por mí.

Mientras rezaba fervientemente por su seguridad, observé cómo el faro de su moto de nieve daba tumbos sobre la superficie del peligroso lago. Se detuvo a unos 45 metros de mí y me dirigí hacia él, primero arrastrándome sobre mi vientre y luego corriendo con los brazos abiertos. Nos encontramos a mitad de camino, nos abrazamos y lloramos juntos. Le sobrecogió el haber estado a punto de perderme. Me sobrecogió su muestra de amor valiente.

Entonces, ese hombre íntegro dijo la cosa más horrible. Miró la máquina que colgaba boca abajo precariamente sobre el agujero abierto en el hielo y dijo:

—Tenemos que sacar esa máquina de ahí antes de que se hunda.

—¿Qué? No, cariño. No quiero acercarme a ese agujero.

—Tenemos que hacerlo. Esa máquina no es nuestra — respondió—.

Suspirando, accedí a hacerlo. Nos acercamos al agujero y, él de un lado y yo del otro, dimos vuelta a la tambaleante máquina con cuidado. El hielo se resquebrajaba a nuestro alrededor. Rápidamente, mi esposo nos dirigió. Los dos sujetamos la barra de remolque trasera y tiramos de la pesada máquina hacia el hielo más grueso; todo dependía de que los esquís se mantuvieran firmes en el borde del agujero. Cuando el peso de la moto de nieve se desplazaba, el hielo se rompía y pisábamos agua. Todavía sujetando la barra trasera, nos abrimos paso hasta el hielo más grueso y lo volvimos a hacer.

Llevamos tediosamente la pesada máquina a hielo más estable, centímetro a centímetro.

Cuando esta por fin yació sobre una capa de hielo blando que se hundió por el peso, ¡Jesse me indicó que apretara el acelerador y corriera a su lado para sacarla de allí! Confiando en su juicio, hice lo que me dijo y pude acercar mi máquina a la suya, que estaba aparcada, y esperé.

Cuando se acercó, estábamos mojados y fríos, y nos miramos. Esperé sus siguientes instrucciones; ¡lo único que quería era salir de ese lago!

—Volveremos al inicio del sendero por donde llegamos —dijo—. Esta vez, yo te seguiré a ti.

Tragué saliva. Aunque no quería volver a quedarme sola, me entró el pánico porque esta niña que está aquí nació sin sistema GPS. No tengo habilidades de navegación. Me pierdo en el supermercado.

Él señaló en cierta dirección y arrancamos. Las lágrimas salían del fondo de mi casco mientras rezaba con todo mi corazón: *"Señor, ayúdame. ¡No tengo ni idea de adónde ir!"*.

De repente, de los cielos, apareció un meteorito. Atravesó el cielo a toda velocidad y explotó en una dirección frente nosotros, iluminando el cielo nocturno. Me dirigí en esa dirección, asustada, con frío, herida y llorando. *"Señor, sácame de este lago. ¡Por favor, Señor, quiero salir de este lago!"*.

Seguí en dirección al lugar donde había explotado el meteorito, esforzándome por no volver a perder el control de la máquina sobre el resbaladizo hielo.

Poco después, encontré el punto exacto por el que habíamos entrado al lago.

Cuando llegué a la tierra firme cubierta de nieve, paré la máquina, salté de ella y corrí a los brazos de mi esposo. Sollocé en sus brazos. Fue entonces cuando le dije que estaba herida.

Nos dirigimos a casa (por el camino largo, evitando atravesar el lago) para despojarnos de nuestra húmeda ropa de invierno. Una vez allí, Jesse examinó mi pierna, que estaba negra por los moretones causados por la máquina de 275 kilos que aterrizó sobre mí. Me llevó inmediatamente al hospital para descartar cualquier coágulo de sangre. Todo acabó bien en esa aventura de la vida real. Dios no solo apareció en toda su gloria y nos guio sanos y salvos para salir del lago, sino que mi esposo (sin lugar a dudas) dio su vida por mí ese día cuando volvió a buscarme.

Tal como dijo Dios al joven profeta Jeremías[40], yo fui la brújula de mi esposo y le hice cambiar de dirección. Jesse más tarde me dijo que nunca dudó en darse la vuelta y rescatarme: eso es lo que hacen los héroes.

Estoy bastante segura de que, si mi esposo no se hubiera dado la vuelta y me hubiera salvado (sea que viviera o muriera), se lo habría machacado el resto de su vida. Él necesitaba hacerlo tanto por él como por mí. Fuimos creados a imagen de Dios para ser héroes, no cobardes. ¡Somos vencedores que podemos dar "eso" por los demás porque Su amor en nosotros nos obliga a hacerlo!

En esta aventura llamada "Vida", nuestras vidas siguen la historia del Evangelio. En el día a día, "eso" es importante para Dios, "eso" es importante para los demás, y "eso" hasta es importante porque necesitamos saber que, cuando las cosas se pongan feas, ¡podemos confiar en nosotros mismos!

La vida pasa
CAPÍTULO ONCE

"Y la lengua es un fuego, un mundo de iniquidad.
La lengua está puesta entre nuestros miembros,
la cual contamina todo el cuerpo,
es encendida por el infierno e inflama el curso de nuestra vida..."

Santiago 3:6 (LBLA)

En nuestra vida, las relaciones se rompen, decepcionamos a personas, vivimos tormentas (físicas y espirituales), las finanzas fallan y las casas se caen. La vida pasa.

¿Qué ocurre cuando no podemos arreglarlo todo? ¿Qué ocurre cuando sentimos que hemos fracasado en el "Plan A" de nuestra vida y apenas nos mantenemos a flote en el "Plan B"? ¿Acaso vamos por la vida resentidos, culpando a Dios y a los demás de nuestros problemas? ¿Nos convertimos en seres humanos amargados, echando nuestro veneno allá donde vamos? Muchos lo hacen.

La verdad es que solemos estar donde estamos porque lo hemos estado *hablando*. A menudo, la vida nos llega exactamente como la hemos pedido. De la abundancia de nuestro corazón... habla nuestra boca.[41] En pocas palabras, actuamos según lo que pensamos. El adulterio no solo "ocurre", sino que, más bien, lo llevamos a cabo según lo que hayamos pensado. A menudo, somos espiritualmente oprimidos porque, con nuestra boca, ¡le hemos dado permiso al enemigo para tener autoridad sobre nosotros en ciertas áreas! He oído decir que la vida está formada en un 10% por lo que nos ocurre y en un 90% por nuestra reacción ante ello.

Tenemos que cambiar nuestra forma de pensar porque nuestro "yo" irá donde veamos a nuestro "yo". Por ejemplo, yo tuve problemas de peso durante toda mi adolescencia. No comía grandes porciones y era muy activa, pero mi cuerpo se aferraba a esos kilos de más. Entonces, un día, cuando me preparaba para ir a trabajar, escuché al Espíritu Santo preguntarme:

—¿En qué estás pensando?

Mirándome al espejo, pensé un momento y respondí:

—En lo que me voy a preparar para un desayuno rápido. Luego continué con mi rutina matutina.

Cerca de las 10 de la mañana, mientras estaba en mi escritorio en el trabajo, le oí preguntar de nuevo:

—¿En qué estás pensando?

Tras reflexionar un instante, le contesté:

—En dónde voy a almorzar hoy. Luego, continué con mi trabajo.

Cerca de las 3 de la tarde, mientras lidiaba con montón de papeles, volví a oír Su voz:

—¿En qué estás pensando?

Rápidamente respondí:

—Lo que voy a preparar para cenar esta noche. Después, seguí revisando los documentos que tenía ante mí.

Después de cenar y dar un paseo, mientras estaba sentada leyendo un libro, volví a oír Su voz:

—¿En qué estás pensando?

Aunque mi mente estaba leyendo las páginas que tenía frente a mí, mis pensamientos buscaban mentalmente en los armarios de la cocina y me preguntaban qué podría prepararme para una merienda rápida. Fue entonces cuando el Espíritu Santo me convenció. Durante todo el día, mis pensamientos estuvieron enfocados en la comida y el comer. Eso me asqueó.

Allí mismo, en la sala de mi casa, caí de rodillas y me arrepentí. En lugar de enfocar mi vida y mis pensamientos en Aquel a quien profesaba amar y servir, estaba obsesionada con la autogratificación de comer. Pedí perdón a Dios y le pedí que cambiara mi forma de pensar. *"¡Por favor, Señor, dame TUS pensamientos! ¡Cambia mis pensamientos para que se enfoquen en TI!"*.

Mi mentalidad no cambió de la noche a la mañana. Pero, poco a poco y con el tiempo, me di cuenta de que había días en los que me perdía comidas porque, sencillamente, ¡me olvidaba de comer! Luego, como mi mente estaba puesta en Él más a menudo, empecé a sentir Su corazón y me sentí obligada a ayunar con más regularidad. Treinta y siete años después, ¡peso 23 kilos menos que a los veinte!

Cuando los índices de obesidad empezaron a aumentar a finales de los 90, provocando que incluso la industria de la moda modificara sus tallas y su marketing, me preocupé especialmente por aquellos que se declaraban "cristianos ultraespirituales". Me resultaba difícil confiar en la integridad de ministros y profesores si, a mis ojos, carecían de disciplina. Tratando de deshacerme de mi actitud crítica y adoptar la manera de pensar de Cristo, un día le pregunté a Jesús qué le parecía que Su pueblo engordara tanto.

Aquel día, mientras estaba de pie en el escenario mirando a la multitud de nuestra iglesia de Tallahassee, Florida, que en su mayoría tenía sobrepeso, se me partió el corazón. Vi a Jesús caminando junto a cada uno de ellos y, al hacerlo, Él me permitió escuchar sus pensamientos.

> *"Estoy muy gordo".*
> *"Odio cómo me veo". "Ella es tan delgada... La odio". "Tengo hambre. Ojalá se callara para que pudiéramos ir a comer". "Estos pantalones me aprietan demasiado".*

Él me miró con lágrimas cayendo por Su rostro y dijo:

—Ni siquiera se fijan en Mí y estoy frente a ellos.

Aquel día, lloré con Él, no solo por la gente, sino porque mi crítico corazón se rompió. La cuestión no era lo que pesaban, sino lo que pensaban. ¡Qué privilegio que Sus pensamientos se convirtieran en míos! Ese día, dije:

—¡Señor, ayúdame de aquí en adelante a ver a través de Tus ojos y a oír a través de Tus oídos!

¡Ojalá cambiáramos nuestra forma de pensar! En Lucas 21:14-19, Jesús dice, parafraseando:

> *Así que internalicen de antemano el no justificarse,*
> *para que, cuando "la vida pase" y las cosas se pongan*
> *difíciles, estén en tal relación CONMIGO que, ya*
> *que estarán pensando con MIS pensamientos, ¡Mis*
> *palabras de sabiduría se derramarán de sus bocas!*

Jesús no cambia la vida de las personas acosándolas o condenándolas. Más bien, ¡Él los AMA para que entren en una relación con Él!

A través de este proceso, Él nos utiliza (como recipientes) para prodigar Su amor a Su pueblo, ¡hablándoles Su lenguaje de amor!

Jesús nos impulsa a *internalizar* ciertas cosas (a ajustar nuestros pensamientos) y a elegir de antemano el permitir que Su amor fluya a través de nosotros. En el contexto de ese pasaje de Lucas, Él dice que incluso podrían ser los más cercanos a nosotros (padres, hermanos, parientes y amigos) los que nos causen dolor e incluso nos entreguen a la muerte.

Al leer eso, nuestro "yo" espiritualmente justo tiende a pensar: «En los últimos días, si alguien me entrega por la causa de Cristo... ¡iré hasta la muerte por Él!». Pero, ¿qué pasa si, en esos últimos días, nuestro amigo, hermana, hermano, o Pastor nos ofende?

He visto a muchas personas "superespirituales" reunir a su pequeña banda de seguidores y salir furiosos de un Cuerpo Eclesial y buscar su destrucción por el resto de sus días. Del mismo modo, ¿qué pasaría si nuestra familia o nuestros padres nos hicieran daño? Las salas de terapia están llenas de "víctimas" amargadas que se pasan el día culpando a otros de sus males, y los altares de oración son frecuentados regularmente por quienes se aferran a sus heridas, optando por creer las mentiras de aquellos cuyas opiniones creen que importan.

Todos esos males pueden evitarse si nos decidimos *de antemano* a AMAR. Ya se nos ha advertido de que *se volverán* contra nosotros, *nos ofenderán, nos defraudarán* y *nos harán daño*. No debería sorprendernos cuando "eso" ocurra.

"Eso" me ocurrió un día de 1992. Mi divorcio había finalizado y, después de haber estado viviendo en una caravana con nuestro hijo menor, Sharon, una buena amiga de toda la vida, nos ofreció su casa en Jacksonville, Florida, para que empezáramos de nuevo. Ya había enviado mis escasas pertenencias a su casa y estaba terminando mi último día de trabajo en el sur de Florida. Sin embargo, después de despedirme de mis compañeros de trabajo y salir por la puerta que me conduciría a una nueva vida, se me acercó un ayudante del sheriff y me notificó una orden judicial. Decía que se me consideraba un peligro para mí misma y para mi hijo, y que no podía viajar fuera de los límites del condado hasta nuevas audiencias judiciales (aprendí de mi exesposo que uno puede presentar *cualquier* demanda contra otra persona sin causa justificada, ¡hasta me convocaron al tribunal como una "madre impropia" porque hice que mis hijos fueran a la iglesia conmigo!).

Estaba destrozada. ¿Qué iba a hacer entonces? TODAS mis pertenencias, hasta mi secador de pelo, estaban en Jacksonville, Florida. No tenía dónde vivir, y ahora, después de despedirme de mi jefe y mis compañeros... no tenía trabajo.

Necesitaba ingresos, así que me di la vuelta bruscamente, volví a donde trabajaba y pedí que me devolvieran mi puesto. Me lo devolvieron con mucho gusto. Pero, ¿dónde viviríamos? Inmediatamente, pensé en la seguridad de la casa de mis abuelos y su acogedora mesa de la cocina. Así que conduje hasta su casa y les pregunté si Matthew y yo podíamos vivir en su "Habitación/Porche de Florida" (un porche cerrado) hasta la audiencia judicial. Dijeron que sí.

Matthew, de diez años, y yo nos instalamos en el porche con nuestras maletas. Al cabo de una semana, más o menos, me alarmé al oler que algo se quemaba. Llamé a un electricista que me confirmó que el cableado de toda la pared estaba echando chispas y se estaba fundiendo. Le pagué para que reinstalar el cableado de toda una pared de su casa. Luego, cuando su lavavajillas dejó de funcionar, les compré uno nuevo y lo hice instalar. Con el paso del tiempo, compré comida, lavé su auto y mantuve limpio el lugar en agradecimiento por su hospitalidad. La abogada de mi exesposo (la mejor en su área) evitó llevar el caso a tribunales durante meses y meses.

Como "la vida" pasa, a la abuela le diagnosticaron cáncer de colon y agendaron su operación. Mi tía, que vivía en Alaska, decidió venir a ayudar a su madre a recuperarse. Pasaron solo unos días antes de que Matthew y yo empezáramos a oír comentarios sarcásticos de ella sobre nosotros. Ella pasaba por alto todo lo que yo hacía por mis abuelos a cambio de que me dejaran vivir allí; y, al poco tiempo, hasta nos criticaba por no caminar por el suelo "bien". En un esfuerzo por no incomodarle, pasábamos más tiempo en el trabajo, en la iglesia y comíamos lejos de la familia.

Entonces, un miércoles por la noche después de la iglesia, Matthew y yo entramos a la casa y nos encontramos con un círculo de "confrontación" formado por mi abuela, mi abuelo, mi madre y mi tía. Me pidieron que me sentara. Después de semanas de ser acosada por mi tía y de oír una y otra vez que era una "aprovechada" que necesitaba irse de allí, mi abuela me informó abruptamente de que tenía que mudarme.

Desolada, pregunté:

—¿Cuándo tengo que mudarme?

—Para el lunes —respondió la abuela—.

Desafiando la orden judicial y conteniendo las lágrimas, empaqué mis pocas pertenencias y las de Matthew y me dirigí a casa de mi hermano en Tallahassee, Florida. Tenía que escapar.

Pasamos de jueves a domingo lejos de todos esos problemas y nos limitamos a disfrutar de la compañía de mi hermano. El domingo por la noche, mientras emprendíamos el largo viaje de regreso al sur de Florida, Matthew me miró y me dijo:

—Mamá, ¿todavía tenemos que mudarnos?

Le miré y le dije:

—Sí, cariño. Parece que sí.

—¿A dónde nos mudaremos? —preguntó—.

—No lo sé, cariño. No lo sé. Pero recemos por ello.

Allí, en aquel auto, nos cogimos de la mano y rezamos una sencilla oración:

—Padre, Tú vistes los lirios del campo, y Tú ves cuando el gorrión cae del árbol. Somos tus hijos y necesitamos un lugar donde vivir. Estaba tan en shock que no pude rezar nada más.

Llegamos a casa de mis abuelos bien entrada la noche. Mientras descargaba el auto, tenía una sensación rara. Finalmente entré en la sala y le pregunté a la abuela:

—¿Dónde está la tía Arlie?

La abuela respondió:

—Ah... No te lo creerías. Poco después de que te fueras, entró en la cocina buscando algo de beber y resbaló. Está en el hospital con la cadera rota.

Mmm... No pude evitar preguntarme: «¿¿¿Cuál ángel la habrá EMPUJADO???» ☺

Algunas personas están tan dolidas con su familia, que nada les impediría marcharse y no volver jamás. En su orgullo, se justificarían: *"Bien... Si ellos no me quieren, ¡yo no los quiero a ellos! Me echarán de menos cuando me vaya"*. Pero yo había decidido *de antemano* amar a una familia que no conocía a Dios. Así que me senté con la abuela y le dije:

—La tía Arlie ha venido a ayudarte después de tu operación. Es obvio que ahora no podrá hacerlo. Si quieres, me quedaré y cuidaré de las dos.

Sin saber qué más hacer, mi abuela respondió:

—Bueno... Supongo que tendrás que hacerlo.

Durante las semanas siguientes, cociné, limpié y atendí a mis abuelos y a mi amargada tía. Día tras día, atravesaba el duro muro que rodeaba a mi tía y la tocaba. Hice todo lo posible para que estuviera cómoda. Cuando ella criticaba mi cocina, me mordía la lengua y le decía que la próxima vez me esforzaría más.

Después de un par de semanas, sabía que ella necesitaba hacer un poco de ejercicio y respirar aire fresco. Así que preparé un sitio para que ella y la abuela se sentaran en el patio y las ayudé a salir. Al poco rato, llegué con un balde de agua y una maquinilla de afeitar. Me senté junto a la tía Arlie y suavemente puse su pierna en mi regazo. Se quedó atónita y me preguntó qué estaba haciendo. Sin decir una palabra, le apliqué con cariño el gel en la pierna y empecé a afeitársela con ternura. Desafiante, cruzó los brazos sobre el pecho y se sentó rígida. Mientras le acariciaba la pierna, le hablé suave y amablemente, diciéndole lo mucho que apreciaba que hubiera venido a ayudar. Para cuando terminé de afeitarle las piernas, sus brazos estaban extendidos suavemente sobre su vientre y ella sonreía de verdad.

Al final, me quedé más tiempo (y di más amor) que mi tía. Cuando se recuperó, la pusimos en un avión de vuelta a Alaska. Paradójicamente, mis sentimientos se alinearon con mi determinación (mi mentalidad y mis pensamientos) y realmente la amé.

Luego, como recompensa por mi decisión de amar en lugar de guardar rencor, tuve el maravilloso privilegio de estar con la abuela durante sus últimos días. El cáncer se había extendido a su cerebro y ella daba tumbos entre este mundo y el otro. Había veces que estaba mentalmente *conmigo* y, mientras le cambiaba el pañal, lloraba y se disculpaba. Entonces, yo le daba una palmadita en el trasero y le decía:

—¡Abuela, te daría un gran beso en esta nalga si no olieras tan mal!

Entonces, ella reía.

También había días en los que se iba a otro mundo, en los que nos tumbábamos juntas en la cama y hacíamos tortitas imaginarias y hablábamos de temas que eran *reales* en su cabeza. Un día, cerca del final, empezó a hablar con gente que no estaba allí. Me di cuenta que esas personas ya habían fallecido. Así que le pregunté qué estaban diciendo.

—Quieren que cruce el río —dijo—.

—¿Quieres cruzar? —le pregunté—.

—¡Claro! —respondió—.

—Entonces, cruza, abuela.

—No puedo —dijo con tristeza—.

—¿Por qué?

—Porque no sé nadar —respondió—.

—Abuela, tengo la sensación de que, si confías en Dios y empiezas a cruzar ese río, Él te hará cruzar —le dije—.

Poco después, falleció, y tuve el honor de oficiar su funeral. Ya quiero volver a verla. Creo que ya está preparando el café para nuestra próxima larga visita...

Tenemos opciones cuando "la vida pasa" y a Dios le importa cómo elegimos. No soy capaz de amar a los desagradables; de hecho, ni siquiera me caen bien. Pero tengo la capacidad de dejar a un lado mis sentimientos y dejar que Dios los ame *a través* de mí. Él los amará directamente en Sus brazos si se lo permitimos. ¿Es "eso" fácil? ¡Claro que no! ¿Vale la pena? ¡Claro que sí!

Voluntariosos y adaptables
CAPÍTULO DOCE

"Dios resiste a los soberbios pero da gracia a los humildes. Por tanto, someteos a Dios".

Santiago 4:6-7 (LBLA)

Ocurre algo asombroso cuando elegimos de antemano ser *voluntariosos* y *adaptables* con Dios y con los demás. Los religiosos (los que aplican amablemente la Ley a los demás) llamarían a este acto… "someterse". Esa palabra, no utilizada en su contexto adecuado, provoca inmediatamente un rechazo interior. Decirle a alguien que "se someta" es como frotarle papel de lija en el alma. Incluso los niños pequeños se resisten si uno les ordena "someterse". Eso es porque la implicación de esa palabra va en contra del corazón de Dios.

A lo largo de los siglos, el hombre ha traducido erróneamente la palabra del lenguaje del amor: *hupotassó*. Esa palabra, usada correctamente, describe nuestra *voluntariedad* a ponernos bajo la dirección, responsabilidad y gobierno de Cristo. Implica que nos adaptamos, cedemos, permitimos, diferimos y nos rendimos a lo que Él quiera (Su voluntad). Al *hupotassó* (someternos) a Cristo, confiamos en Él lo suficiente como para elegir volvernos "voluntariamente adaptables". Cuando hacemos eso, no es por obediencia a un severo mandato, sino, más bien, un acto de amor. Cuando lo hacemos, estamos respondiendo a Su AMOR hacia nosotros. Santiago 4:6 dice: "Dios resiste a los soberbios pero da gracia a los humildes". La primera parte de ese versículo expone la postura de Dios respecto a los "soberbios".

La palabra griega *"huperĕphanos"* se refiere al que está "por encima" o al que se muestra por encima de sus semejantes en cuanto a honor, prefiriéndose a sí mismo.[42]

Dios está en contradicción directa con quienes levantan el mentón e intentan controlar a los demás mediante cualquier justificación que hayan racionalizado.

Por el contrario, un hombre humilde (*"tapeinos"*) evalúa con precisión quién es él en comparación con la deidad a la que sirve. Nosotros somos la creación, Él es el Creador. Eso nunca cambiará. Ya que eso es así, Santiago continúa con: "Por tanto, *hupotassó* (someteos) a Dios". Nuestra respuesta al Amor es someter nuestro "yo" al Amor. También continúa Santiago 4:10 (parafraseando): "Cuando reconozcas quién eres en Su presencia, Él te exaltará".

Poner eso en práctica en nuestra respuesta a los demás no es fácil. Una cosa es ser voluntarioso y adaptable (*"hupotassó"*) para un Dios perfecto y amoroso, pero otra totalmente distinta es serlo para todas las personas imperfectas de nuestra vida. La dificultad se agrava aún más cuando mantenemos relaciones cotidianas con las personas más cercanas a nosotros. Sin embargo, Pablo nos exhorta en Efesios 5:21 a "[someternos] unos a otros en el temor de Cristo".

Quizá sea bueno que Pablo nunca se haya casado. Cuando doy consejo, me resulta fácil pararme afuera de una casa de cristal y dar asesoramiento de familia a los demás. Incluso investigar y escribir este libro ha sido más fácil que intentar aplicar las verdades a mi propio matrimonio. Con los años, sin embargo, Dios me ha dado trozos y piezas de un gran rompecabezas. Algunas fueron trocitos de la verdad que cayeron en mi espíritu, otras fueron experiencias desgarradoras en las que aprendí la verdad a través de la aplicación práctica.

Una de las verdades de las que más se abusa en las relaciones matrimoniales es la del "sometimiento". Pablo se refiere a esto en su respuesta a los corintios, viendo que algunos de los nuevos creyentes tenían problemas en sus matrimonios. Pablo les recuerda, al aconsejarles en 1 Corintios 7:23, que: *"Comprados fuisteis por precio; no os hagáis esclavos de los hombres"*. Nuestro cónyuge no es nuestro dueño. Somos hijos de Dios; diferentes, pero iguales.

Recuerdo un día, poco después de mi primer matrimonio tumultuoso, que yo yacía llorando ante el Señor. Esa misma tarde, le había pedido a una mujer piadosa, a la que respetaba mucho, que fuera mi mentora mientras yo alcanzaba el bienestar. Se lo pensó un momento y luego contestó:

—No.

Se me rompió el corazón.

Cuando le pregunté por qué, me respondió:

—Porque te crees una víctima.

—¡Pero yo SOY una víctima!

—No, no lo eres —respondió ella—.

—¡Pero, yo no pedí que me trataran física y mentalmente así!

—No eres una víctima —afirmó con calma—.

Salí de la casa emocionalmente destrozada. Mientras yacía allí aquella noche, supe que necesitaba sanación interior y rogué a Dios que aplicara su bálsamo sobre mi corazón para curar todas las heridas infligidas por *ese* hombre. Recité una lista de ofensas que ocurrieron a lo largo de los doce años que estuvimos juntos. Ante el Juez del Universo, declaré, de manera pedante, que mi exesposo era un monstruo horrible y miserable. Después de escuchar suficiente de mi caso, el Espíritu Santo (que es quien "*elegchō*" o condena al exponer la verdad y revelar la realidad desde la perspectiva de Dios) habló a mi espíritu diciendo: "*Más que una víctima, te has convertido en la 'líder' de los pecadores. Has destronado a Dios en tu vida y Le has sustituido por el hombre. Te has convertido en una complaciente. En lugar de agradar a Dios, has perdido todo tu tiempo y energía tratando de agradar y recibir la afirmación del hombre. Eres una IDÓLATRA*".

Tragué saliva. ¿Qué podía decir? Era cierto. Yo, que había sido comprada a gran precio, me había convertido en esclava del hombre. Ansiaba la afirmación del hombre. En última instancia, sin embargo, servía a un dios cruel. Cuanto más me maltrataba, más intentaba complacerle.

En un matrimonio sano, se supone que haya un deseo trino de complacer. Pablo, mirando desde afuera de la casa de cristal, se refiere a eso como "intereses divididos".[43] Ante todo, debemos dedicarnos a agradar al Señor. Entonces, debido a nuestra devoción a Dios, buscamos maneras de complacer a nuestra esposa o esposo.

Al principio de 1 Corintios 7, Pablo empieza diciendo *"...bueno es para el hombre no tocar mujer"*. En griego, "tocar" se dice *"haptomai"*, que significa tocar con un motivo oculto para conseguir lo que se quiere o con la intención de manipular. Lo mismo puede decirse de una mujer.

Luego, en el versículo 3 de ese mismo capítulo, dice: *"Que el marido cumpla su deber para con su mujer, e igualmente la mujer lo cumpla con el marido"*. Y en griego, el "deber" se dice *"eunola"* y significa buena voluntad o benevolencia.

Cada día, debemos preguntar a Dios cómo podemos bendecir a nuestro cónyuge y ministrarle bondad. Eso es importante para Dios. ¡A Él le encanta involucrarse personalmente en relaciones que muestren Su amor al mundo!

En medio de ese pasaje sobre el matrimonio, Pablo reconoce que, a veces, las relaciones se desequilibran: puede que uno de los cónyuges sea creyente y el otro no, o que uno de los cónyuges domine al otro. Aunque en aquella cultura era habitual tener matrimonios concertados o incluso esclavos, personalmente creo que Pablo (en el contexto del matrimonio) escribía para aquellos cuyos matrimonios no eran ideales. Después de años de asesoramiento pastoral, Jesse y yo hemos descubierto que hay muchos matrimonios en los que uno de los cónyuges no cumple con su deber (*"eunola"*: buena voluntad, benevolencia) hacia su cónyuge. En muchos casos en los que ambos cónyuges trabajan, el esposo llega a casa y básicamente hace lo que quiere. Mientras tanto, la esposa, por naturaleza, hace la cena, pone la ropa a lavar, limpia la cocina, baña a los niños, saca la basura, da de comer a los animales, prepara los almuerzos del día siguiente, dobla montones de ropa... y luego mira a su esposo, quien ronca, con un suspiro (en algunos casos, los papeles se invierten y es el hombre quien lleva la carga doméstica).

¿Es fácil realizar actos de amor y bondad? ¡Ni mucho menos! En 1 Corintios 7:28, Pablo escribe: "Pero si te casas, no has pecado... Sin embargo, ellos tendrán *problemas*[44] en esta vida, y yo os los quiero evitar". El matrimonio es duro, muy duro. No siempre somos agradables. La vida pasa, las hormonas pasan (Dios y yo vamos a tener una larga charla sobre las hormonas un día), los sentimientos se hieren, ocurren faltas de comunicación, se abren brechas, las carreras toman giros inesperados, se necesita energía para criar a los hijos, los cumpleaños y aniversarios se olvidan, y descuidamos el romance entre nosotros. SOLO si buscamos primero a Dios, tendremos la iniciativa de cumplir con nuestra responsabilidad de tratar a nuestro cónyuge con bondad inmerecida. En efecto, el amor tapa muchos pecados.

Hubo un frío día de invierno en que parecía que ocurrían todos esos males. La vida era dura mientras mi segundo esposo, Jesse, se recuperaba tras ser atropellado por un conductor ebrio. Acabamos viviendo en una cabaña de 4,5 x 10,3 metros en el "monte" a las afueras de Talkeetna, Alaska. No teníamos electricidad ni agua corriente y nos duchábamos en una parada de camiones cuando ya no podíamos soportar el olor del otro. Una noche, cuando la oscuridad de esa estación se cernió sobre nosotros, Jesse y yo empezamos a discutir sobre algo que carecía de importancia.

Sin embargo, en medio de un ambiente tenso lleno de emociones crudas y momentos difíciles, nos lanzamos palabras hirientes. Mi esposo era un oponente intimidante. Se alzaba sobre mí con la fuerza de su tamaño y con palabras que derrotarían a cualquier enemigo. Me retiré, en pijama, a nuestra cama, me tapé con las sábanas y lloré.

En mi mente, Jesse se había deleitado con su victoria y había esperado para ir a la cama solo para demostrar que no tenía intención de disculparse por las palabras imprudentes que me dijo. Cuando por fin se metió en la cama, me aseguré de alejarme de él lo más posible. Lágrimas silenciosas resbalaban por mi lado de la cama mientras exponía mi caso a Abba. Recordé cada palabra hiriente y cada mirada poco amable que me había lanzado esa noche... y lloré grandes lágrimas de cocodrilo que formaron un pequeño charco en el suelo.

Entonces, el Espíritu Santo habló.

—Acércate y toca a tu esposo —dijo—.

—¿¿¿Qué??? ¿De verdad? ¿Quieres que YO lo toque a ÉL? ¿Te estás escuchando?

Hubo silencio.

Después de un momento, volvió a hablar:

—Acércate y toca a tu esposo.

Entonces, sí que rompí a llorar. ¿Cómo podía un Dios justo, un Dios que me amaba, pedirme que hiciera algo así? ¡Era injusto! ¡Totalmente injusto!

—Acércate y toca a tu esposo —dijo el Espíritu Santo por tercera vez—.

Una cosa es ignorar a Dios cuando dice algo una vez, pero hacerlo tres veces... Sabía que era mejor obedecerle, aunque solo fuera por mera obediencia (Él es el dueño de los elementos y puede hacer caer rayos donde quiera). Suspiré. «Así que... Bien. ¿Entonces Él quiere que toque a mi esposo? Pues...».

Todavía en el borde de la cama, estiré lentamente la pierna a través del amplio abismo que nos separaba y toqué la pierna de mi esposo con el dedo gordo del pie... y él se derritió. La rigidez de su cuerpo se ablandó y la Paz volvió a envolver nuestro lecho conyugal.

En retrospectiva, ni siquiera recuerdo sobre qué discutíamos ni qué palabras hirientes nos dijimos exactamente en ese campo de batalla.

Pero sí recuerdo la participación trina en nuestra relación porque elegí dejar de lado la ofensa y someterme (ser voluntariosa y adaptable) a la voz de Dios.

Estoy de acuerdo con Pablo que, aconsejando a los corintios, dijo, parafraseado: "en un matrimonio, siempre habrá problemas". El propio término "matrimonio" viene de la herrería. Para unir dos piezas se necesita calor intenso, golpear hierro contra hierro, más calor y más presión, hasta que las dos piezas se convierten en una. Un buen herrero podrá unir dos piezas de metal tan bien que no se sabrá dónde empieza una y dónde acaba la otra: son una sola.

Pablo concluye el capítulo siete de su primera carta a los Corintios admitiendo que marido y mujer pueden distraerse y perder momentáneamente esa conexión con Dios porque su atención debe enfocarse en cómo pueden agradarse mutuamente.[45] Aunque Pablo, quien era soltero, lo veía como algo malo, yo, en cambio, creo que eso define una relación sana.

¿Y si nos levantáramos cada mañana y preguntáramos a Dios cómo Él quisiera que nosotros bendigamos hoy a nuestros cónyuges?

¿Cómo sería la vida si esperáramos con ansias cualquier pequeño momento de nuestro día en el que pudiéramos hacer algo para agradar a Dios bendiciendo a nuestro compañero de vida?

Aprendí una valiosa lección sobre la sumisión de una joven pareja, John y Taffy, quienes llegaron a nuestra vida no mucho después del día en que yo crucé el abismo con el dedo del pie y toqué a Jesse. Para establecer el contexto, que condujo a ese día especial, es necesario comprender las cosas por las que Jesse y yo habíamos pasado y cómo Dios estaba usando eventos devastadores para romper nuestro egoísta orgullo.

En el invierno de 1999, por mucho que me gustaría echarme flores, ahora admito que albergaba resentimiento y rabia después de que aquel hombre problemático (muy drogado y borracho) casi matara a mi esposo. En un instante, nos vimos inmersos en una pesadilla de cinco años. Las lesiones de Jesse incluyeron: cinco discos intervertebrales rotos, tres costillas separadas de la columna, una clavícula y un hombro rotos, una devastadora lesión en el lóbulo frontal del cerebro, y su visión se redujo al 2% y monocular; más tarde, luchó contra la ceguera y se preguntó si perdería la visión de forma permanente. Como no estábamos en buenas manos con cierta compañía de seguros, tuvimos que venderlo todo por unos céntimos solo para pagar su terapia.

Después de eso, lo único que pudimos permitirnos fue una pequeña cabaña en las tierras salvajes de Alaska.

Como Jesse tenía terapia cinco días a la semana, no había forma de que pudiera trabajar para otra empresa y, en su opinión, uno no pide ayuda al público si es capaz de ser productivo de alguna manera. Así que compramos una sierra de mesa usada y así nació Stubblefield Construction. Antes del accidente, yo era directora corporativa de cinco exitosas empresas. Después del accidente, leía todas las revistas *Fine Homebuilding* que caían en mis manos para aprender el oficio de la construcción. Sabía que era importante que él *superara* la tormenta en la que estábamos inmersos.

Fue duro ver a mi esposo, que una vez tuvo un coeficiente intelectual de más de 170 en matemáticas, luchar en su mente para encontrar la respuesta a 2 + 2. Tuvo que encontrar nuevas vías neuronales en su cerebro para realizar las tareas más sencillas de la vida. En el trabajo, yo preparaba las cosas y hacía lo que sabía hacer hasta que su cerebro encontraba viejas sinapsis y, entonces, él supervisaba las labores. Él era (y sigue siendo) un artesano muy hábil y yo estaba asombrada y muy orgullosa del hermoso trabajo que hacían sus manos.

Día tras día, recorríamos el largo trayecto en auto desde el bosque en Talkeetna hasta los lugares de trabajo en Wasilla y Anchorage. Trabajábamos hasta la hora de la cita con el médico de ese día, pasábamos horas en la terapia, y luego trabajábamos hasta tarde cada noche, para luego conducir de vuelta por horas por carreteras heladas hasta la pequeña cabaña en el bosque. De vez en cuando, Dios aparecía y nos ofrecía un impresionante espectáculo nocturno con su Aurora Boreal.

Tras casi un año así y prácticamente sin publicidad (todo eran recomendaciones de boca en boca), nuestra pequeña empresa de construcción creció y pudimos contratar una cuadrilla. Aún más emocionante fue la posibilidad de mudarnos cerca de nuestros lugares de trabajo. Hojeando los anuncios clasificados, nos pareció encontrar una casa asequible para alquilar en Wasilla, así que Jesse llamó al agente inmobiliario. Sin embargo, se equivocó de número de teléfono. Atendió otro agente inmobiliario del valle que, después de conocernos, nos dijo que tenía algo que tal vez quisiéramos ver. Ella conocía a una familia que estaba buscando a las personas adecuadas para cuidar de su preciosa casa por unos años.

A cambio de cuidarla, nuestro alquiler mensual sería muy asequible.

Resumiendo, ¡acabamos viviendo al final de la Calle Endeavor (¡muy apropiado, porque significa "esfuerzo" o "esforzarse"!) en una preciosa casa situada en un terreno de 40 acres de cara a un lago, con un hangar climatizado para aviones, un amplio garaje y tres baños! Después de mudarnos a la casa y como ya no dependíamos de una letrina exterior, a veces yo pasaba frente a uno de los baños y tiraba de la cadena, ¡solo porque sí!

Entonces, necesitábamos enfocarnos un poco más en la publicidad de nuestra empresa y pensamos que necesitábamos un buen rótulo. Mi esposo tenía un diseño en la cabeza de un búfalo blanco junto con el nombre de la empresa y las cosas en las que nos especializábamos. Sin embargo, un rótulo con ese tamaño y diseño era más de lo que podíamos costear en aquel momento. Un día, conduciendo por Wasilla, Jesse se fijó por casualidad en una nueva empresa de rótulos y se detuvo. Una joven pareja, John y Taffy, trabajaba en su nuevo taller y vivienda. Al hablar con ellos, Jesse se enteró de que tenían problemas para diseñar una escalera a medida (una de las especialidades de mi esposo) y llegaron a un acuerdo.

Poco después, nos presentamos para realizar ese trabajo personalizado en su casa/taller.

Tediosamente, trabajamos juntos en cada peldaño, baranda y pieza de pasamanos. Una tarde, mientras Taffy y yo estábamos en el piso superior pintando las intrincadas barandas, su esposo, John, gritó desde el primer piso y preguntó:

—Taff, ¿puedes venir a ayudarme un minuto aquí abajo?

—Por supuesto —fue su respuesta inmediata—.

Dejó el pincel a un lado y bajó hacia él por la escalera inacabada.

Me sorprendió la inmediata voluntariedad de ella para responder a la petición de ayuda de él. Hasta ese momento de mi relación con mi esposo, yo suponía que él debería estar contento con el hecho de que yo estuviera ahí ayudándole. Si me pedía una mano con algo y yo estaba ocupada, le respondía: "Iré en un momento, apenas termine con [inserte tarea aquí]".

Además, extendí esa mentalidad a mi relación con el Señor. A menudo, cuando sentía el impulso del Señor, yo racionalizaba: "Señor, sé que quieres que llame a Fulano o Mengano, pero ellos me quitarán demasiado tiempo, así que les llamaré más tarde". O: "Señor, estoy ocupada haciendo [esto o aquello] ahora mismo, pasaré tiempo contigo cuando termine".

Me asomé a través de las barandas y observé la amorosa relación de John y Taffy mientras ella le ayudaba a superar una zona difícil de la escalera y le pedí al Espíritu Santo que me ayudara a responder a las peticiones de mi esposo con una actitud más amorosa. Sabía que, si podía practicar día tras día respuestas de amor a mi esposo, eso afectaría a mi relación con mi Señor. Ser voluntariosos y adaptables con nuestra pareja está en correlación directa con nuestra relación con Dios. La sumisión es importante; "eso" nos importa a nosotros, a los demás y a Dios.

El amor es una elección
CAPÍTULO TRECE

"Un mandamiento nuevo os doy: que os améis los unos a los otros;
que como yo os he amado, así también os améis los unos a los otros.
En esto conocerán todos que sois mis discípulos,
si os tenéis amor los unos a los otros".

Juan 13:34-35 (LBLA)

Nunca olvidaré el día, 11 de septiembre de 2001, en que yo, y la mayor parte de Estados Unidos, nos pegamos a las pantallas de televisión y contemplamos horrorizados cómo los terroristas llevaban a cabo sus espantosos atentados contra personas inocentes. Sentíamos impotencia mientras un avión tras otro se estrellaba contra el World Trade Center y el Pentágono. A medida que se desarrollaba ese evento sin precedentes, acabamos aplaudiendo a los sacrificados héroes del vuelo 93, quienes dieron sus vidas para evitar que otro ataque afectara a una zona poblada.

Lloré ese día. Lloré por la pérdida de vidas, por la pérdida de la seguridad nacional y por un hijo que servía en el Ejército de los Estados Unidos. Ya él no estaba allí en una era de paz, sino que probaría la fealdad de la guerra.

Antes de su partida a Oriente Medio tras haber recibido sus órdenes, mi esposo y yo tuvimos el privilegio de pasar tiempo con su joven tropa. Jesse pasó esos últimos preciosos momentos con nuestro hijo y sus amigos repasando todas las habilidades de supervivencia y tácticas de combate que se le ocurrieron.

Yo, en cambio, les hablé de la provisión divina, de la protección sobrenatural y les di todos los consejos prácticos que se le ocurren a una mamá, como lavarse los pies, tener la Palabra cerca del corazón (¡una Biblia en caja metálica puede salvarte la vida!) y ponerte la ropa interior al revés para alargar el tiempo entre cambio y cambio. Hoy en día, parece una tontería, pero, en aquel entonces, era importante que nuestro hijo supiera todas estas cosas.

Todos envejecimos durante ese despliegue a la batalla. Y, aunque aquellos jóvenes regresaron sanos y salvos, ninguno de nosotros volvió a ser el mismo después de eso. Se perdió la inocencia. Se perdieron amigos. No había nada que esta madre y aquel padre pudiéramos hacer para mejorar las cosas y aliviar las almas destrozadas por la guerra. Solo podíamos apartarnos y dejar que Dios fuera Dios en sus vidas.

Estoy segura de que Jesús sintió la misma inquietud antes de la Última Cena. Sabiendo lo que le esperaba, esa era su última oportunidad para impartir toda la sabiduría que pudiera a aquellos que pronto se enfrentarían a la mayor prueba de la vida.

En los diversos relatos evangélicos de ese acontecimiento, Yeshua:

- Les mostró lo que significa el liderazgo al lavar los pies de sus discípulos;
- Predijo Su traición;
- Rompió una discusión sobre quién iba a ser el más grande del Reino;
- Les dijo que Él preparará un lugar para Su Novia y que volvería a por ella;
- Les enseñó más sobre las relaciones y Su deseo de que vivan en unidad unos con otros como Él lo hace con Su Padre;
- Prometió enviar al Espíritu de la Verdad, el *"Paracletos"*, cuyo nombre significa literalmente *"ven aquí"*, para ayudarnos, conducirnos y guiarnos;
- Dejó a Sus amados con el nuevo mandamiento de amarse los unos a los otros.

Este nuevo mandamiento de amarse me desconcertaba un poco. No les recordó que se amaran, sino que les dio el mandamiento de amarse unos a otros. ¿Se me había escapado algo? ¿No les parecería a ellos *natural* amar a los demás, sobre todo después de pasar día tras día con Jesús? Amar debería ser una consecuencia esperada de permanecer en Él (Juan 15:10).

Después de darles ese mandamiento de amar, les dijo que todos sabrán que son verdaderos discípulos si se aman los unos a los otros. Punto. Sin embargo, eso contradice lo que hemos oído decir a personas muy respetables en nuestra vida. Desde pequeños, nos dicen que los buenos cristianos *no deben* beber, fumar ni maldecir. También tenemos que ir a la iglesia (¡Puaj! No *vamos* a la iglesia... ¡Somos la iglesia!). Además, tenemos que aprender a hablar "cristianamente" (es bien conocido... santificación, justificación, consagración, propiciación, etc.). En la vida, también nos acostumbramos a juzgar la espiritualidad de las personas por cuánto dan, por su aspecto o por el cargo que ocupan; todos ellos criterios humanos de rectitud espiritual.

El criterio de Dios es complejosamente simple ("complejosamente" es una palabra nueva que me he inventado, pero aquí tiene sentido).

Si fuera fácil, no habría necesidad de darnos el mandamiento de hacerlo. Sin embargo... si queremos una relación correcta con Dios, simplemente necesitamos amar a los demás. ¿Qué tan difícil puede ser? Evidentemente, es bastante difícil cuando nos enfrentamos a los que no son queridos, a la parte rota de la humanidad, a la gente herida que va por ahí haciendo daño a los demás.

Jesús siguió abriendo su corazón en aquella cena. En Juan 15, Él vuelve a tratar ese mandamiento de amar. Les dice:

> *Este es mi mandamiento: que os améis los unos a los otros, así como yo os he amado. Nadie tiene un amor mayor que este: que uno dé su vida por sus amigos. Vosotros sois mis amigos si hacéis lo que yo os mando.*
> *Juan 15:12-14 (LBLA)*

Con el paso del tiempo, al traducir Sus palabras de una lengua a otra, el pasaje ha perdido algo de sentido. Cuando Él nos ordena que "nos amemos los unos a los otros", la palabra que utilizó para "amor" es *"Agapaō"*, que significa "una dirección de la voluntad". Nos está diciendo que el amor es una elección.

Elegimos amar a alguien, *queramos* o no, aunque no se lo haya ganado.

Por ejemplo, Él dice que lo hacemos al dar la vida por los demás. Sí, mi Salvador entregó Su vida por mí, eso lo entiendo y, sin pensarlo, incluso saltaría frente a una bala o a un tren por mi familia. Pero, ¿cómo damos la vida en el ámbito cotidiano?

El segundo tipo de amor, el "amor más grande" al que Él se refiere, es la palabra *"agapé"*, que significa "amor benevolente, el dar lo que se necesita y no necesariamente lo que se desea". Ese es el amor de Dios. En Juan 3:16, Él dice: "Porque de tal manera amó (*"agapé"*) Dios al mundo, que dio...". Dios nos amó tanto que nos dio lo que necesitábamos, no necesariamente lo que deseábamos.

Si el Creador del Universo se presentara hoy en nuestra habitación (como hizo con Salomón) y nos preguntara qué queremos, probablemente muchos de nosotros elegiríamos: una vida fácil, sabiduría, riqueza, belleza, favores, justicia o poder. ¿No es eso lo que quiere la gente?

En cambio, el Padre, que tanto nos ama, entregó a Su único Hijo porque era la *Salvación* lo que necesitábamos. Creo que no comprendemos completamente la enormidad de ese regalo. A muchos de nosotros, solo se nos ha enseñado que necesitamos escapar (ser salvados de) la muerte eterna. Pero Jonás 2:9 dice: "La salvación es del Señor". En hebreo, "salvación" se dice *"Yshûwâh"*. ¡Yeshua (Jesús) ES Salvación! Mejor aún... ¡La raíz de esta palabra es *"Yâsha"*, que significa "amplio, abierto y libre"! Cuando recibimos a Yeshua como Señor y Salvador, no solo vamos a vivir para siempre con Él, sino que, ya que lo recibimos personalmente para vivir dentro de nosotros, ¡¡¡Él nos permite vivir de forma amplia, abierta y libre!!!

¿No es ese un regalo mejor que lo que creíamos querer de Dios? Como buen padre, Él nos dio todo lo que necesitábamos. Eso es amor *ágape*, el "amor mayor" de Juan 15:13.[46]

Este tipo de amor hace que una persona dé su *vida* por los demás. En griego, "vida" se dice *"psuché"*, que se refiere al alma o al yo de una persona. El mandamiento de Yeshua era que nosotros *"agapaō"* o eligiéramos amar, nos apeteciera o no, y que diéramos de nuestro "yo". ¿Cómo es eso?

Nuestro "yo" es nuestra personita interior que quiere hacer lo que le da la gana de hacer cuando le da la gana de hacerlo. Es la pregunta que me hago cada vez que me piden que sea voluntaria o que ofrezca mi tiempo: "¿Qué gano yo con eso?". Es difícil amar a alguien con ese tipo de amor sacrificado, porque *uno* no gana nada con eso. Me cuesta aún más cuando la otra persona no merece ese tipo de tiempo y atención por mi parte. Me cuesta aún más porque no recibo nada a cambio; ni felicitaciones, ni un club de fans, ni coronas que caigan del cielo. En cambio, a menudo siento que otra parte de mi "yo" acaba de morir.

De hecho, hay momentos en mi vida en los que ya no tengo nada que dar. Parece que las personas que me rodean son "aprovechadores" sedientos de sangre que me chupan hasta la última gota de vida. Cuando soy YO la que necesita un abrazo, es justo cuando se me exige que dé uno. Cuando soy YO la que ha tenido un día duro y a quien vendría bien un masaje en los pies, entonces saco el aceite y la toalla y le doy a mi cansado esposo un masaje en los pies.

Si hay algo importante que he aprendido en el ministerio es... que no puedes dar de lo que necesitas, sino de lo que te sobra. Entonces, ¿cómo podemos dar la vida por los demás y amar con ese amor ágape como Dios? En pocas palabras... no podemos.

Un día, mientras meditaba sobre la Salvación viviendo *en* mí (Yeshua viviendo *en* mí), caí en la cuenta de que 1 Juan 4:16 dice: "Dios es amor [*ágape*]...". ¡Vaya! El amor *ágape* vive **en** mí. Soy como una tetera andante llena de amor *ágape*. No necesito armarme de voluntad para dar a alguien el amor que necesito en ese momento; solo necesito derramarlo a ÉL (como dije antes, es complejosamente *simple*).

Si alguien necesita un abrazo, me acerco, le rodeo con mis brazos y derramo Amor (a Dios). Si en un momento se necesitan palabras amables, abro la boca y dejo que el Amor se derrame. Si una persona necesita consuelo, simplemente me siento a su lado en silencio y **dejo que el Amor sea Amor**. ¡Qué fácil!

Lo MEJOR es que no soy una gurú espiritual que reúna a un pequeño club de fans lleno de personas que crean que soy su salvadora. Yo solo soy el conducto que usa AMOR para llevar a la gente a una relación con Yeshua, porque es a ÉL a quien estoy derramando, no a mí misma.

Como veis, "eso" en realidad es complejosamente simple, si así lo elegimos.

El don de amar más

CAPÍTULO CATORCE

Jesús respondió: Ni este pecó, ni sus padres; sino que está ciego para que las obras de Dios se manifiesten en él. Nosotros debemos hacer las obras del que me envió mientras es de día; la noche viene cuando nadie puede trabajar. Mientras estoy en el mundo, yo soy la luz del mundo.

Juan 9:3-5 (LBLA)

Algunas personas son cuidadosamente escogidas por Dios para mostrar Sus obras, Su carácter y Su gloria. Desempeñan un papel integral en el Reino porque sus historias son testamento de Su bondad. La grandeza de esas personas es que su fibra moral ha sido labrada de la vara del quebranto y la agonía del dolor. No eligieron la vida que les tocó, sino que Dios confió en ellos para que mostraran quién es Él en tiempos difíciles.

A menudo, se trata de personas desconocidas (los acosados por la élite, los silenciados por los religiosos, aquellos cuyos nombres nunca se recordarán), pero su historia sobrevivirá mucho más allá de su vida.

Tal es el caso del ciego de nacimiento cuya historia se relata en el capítulo nueve de Juan. No tiene nombre. Solo se le conoce como la persona asociada a su problema: el ciego. En aquella época, no existía ningún programa de asistencia pública que pudiera proporcionarle una vida cómoda a ese hombre. Ni siquiera su familia, establecida en la sinagoga, se sentía obligada a atender su discapacidad. Si ese hombre quería comer, tenía que trabajar para ello. Sin educación y con pocas oportunidades, se convirtió en el mendigo local. Su historia dice mucho de su carácter de mendigo. Era diligente en su trabajo y se labró una reputación, ya que los vecinos y la comunidad le conocían. Trabajaba fielmente, aunque, día tras día, tenía que soportar los comentarios condescendientes de los que pasaban por allí. Incluso el día de la llegada de Yeshua, él pudo oír a los discípulos preguntar a su maestro (como si no estuviera allí) por qué era como era. Toda su vida, escuchó y probablemente creyó que era producto del pecado.

Cuando Yeshua pasó junto a él aquel día, Sus discípulos señalaron a ese hombre y preguntaron a su maestro quién era el culpable de su dilema. La respuesta de Yeshua trae esperanza a toda persona que se sienta en una situación desesperada. Parafraseado, Él respondió a su errónea idea con:

—¡Este hombre no es producto del pecado, sino que su historia tiene un gran valor en la revelación de quién es Dios![47]

Este hombre tuvo una experiencia divina con la VERDAD. He oído a algunos enseñar que Yeshua combinó su saliva y la tierra porque el hombre originalmente viene de la tierra y, en ese encuentro, Yeshua agarró la parte que faltaba, la combinó con Su propio ADN y lo aplicó a los ojos del hombre. Parece lógico, pero solo Dios sabe *cómo* se manifiestan las cosas espirituales en el reino físico. Todo lo que sé es que Yeshua aplicó tierra y saliva al área problemática y que el hombre no discutió ni se quejó cuando fue enviado con barro en los ojos al estanque de Siloé para lavarse. Hizo lo que se le pidió y, cuando volvió, ¡podía ver!

Uno pensaría que la comunidad haría una fiesta y celebraría las maravillosas obras de nuestro misericordioso Dios, ¿verdad? En cambio, ese hombre se enfrentó a una prueba aún mayor: la acusación, el interrogatorio y la excomunión. Incluso sus propios padres lo llevaron ante el tribunal, temiendo ser desterrados de su iglesia y de sus amigos. Eligieron su propia seguridad antes que a su propio hijo.

En un esfuerzo por desacreditar el milagro divino y a Aquel que dio la vista a ese hombre, la corte farisaica declaró legalmente a Yeshua como un desviado y pecador opuesto a Dios. ¡Me encanta la respuesta del hombre que vio! Aunque carecía de educación, era muy pícaro (estoy segura de que, como mendigo, estaba al tanto de innumerables conversaciones de la gente que pasaba). Él sabía que uno nunca gana una discusión con un legalista. Así que descartó sus acusaciones y declaró la sencilla verdad:

—Una cosa sé: que yo era ciego y ahora veo.[48]

Eso enfureció a los fariseos, que intensificaron el interrogatorio, asaltándole con desprecios e insultos con la intención de llevar al hombre a blasfemar. Ese estilo de agresión, utilizado a menudo por los matones, se denomina "ad-hominem"; es decir, atacaban a la persona ya que su propio argumento era débil.

Así que el hombre, con su picardía, devolvió con calma la responsabilidad a los agresores y respondió:

—Pues en esto hay algo asombroso, que vosotros no sepáis de dónde es y, sin embargo, a mí me abrió los ojos. Desde el principio jamás se ha oído decir que alguien abriera los ojos a un ciego de nacimiento. Si este no viniera de Dios, no podría hacer nada".[49]

Con eso, los fariseos lanzaron un insulto más al hombre, recordándole su humilde posición en comparación con ellos... y luego lo echaron.

¿Qué hizo entonces? Un hombre que puede ver, sin discapacidades, sería un malísimo mendigo. ¿A dónde fue? El templo era el centro de la comunidad de su pueblo. Ya no tenía pueblo. Me lo imagino sentado en algún lugar de las afueras de la ciudad, sintiéndose destruido, con las palabras de los líderes de la iglesia resonando todavía en sus oídos: "Tú naciste enteramente en pecados, ¿y tú nos enseñas a nosotros?" [50]

Yeshua oyó lo que le hicieron los religiosos y se fue a buscar a ese hombre sin pueblo. Lo que me encanta de Dios es que siempre está dispuesto a venir a nosotros en cualquier "alcantarilla" o lugar mísero en el que nos encontremos. No teme ensuciarse las manos con nosotros.

—¿Crees en el Hijo del Hombre? —preguntó al antiguo ciego—.

—¿Quién es Él, Señor, para que crea en Él? —respondió—.

—¡Le estás mirando a Él! —dijo Yeshua, parafraseando.

Y así nació una relación. El hombre, que ahora podía ver, ¡tuvo entonces comunidad!

Esta historia de un hombre sin nombre cuenta una sencilla verdad:

- Nunca ganarás una discusión con un legalista.
- Si el argumento de un legalista es débil, te atacará con aún más fiereza.
- Cuando te enfrentes a aquellos que deseen vilipendiarte e intimidarte, solo debes responder con lo que sabes y nada más.
- La fe no fue la razón para la curación de ese hombre, sino que esta fue la gloria de Dios. ¡Esta historia debería devolvernos la esperanza a aquellos de nosotros a quienes nos cuesta no dudar! ¡Ese hombre ni siquiera sabía quién era el Hijo del Hombre cuando fue sanado!
- Jesús siempre encuentra la manera de amarnos más, incluso cuando no hemos hecho nada para merecerlo.
- No importa en qué mala situación nos encontremos, Él nos encontrará.

He estado en malas situaciones antes y, si tenéis la suerte de ser de los elegidos para mostrar Sus maravillosas obras, también habéis estado allí (o lo estaréis algún día). Algunas de esas malas situaciones son autoimpuestas: el resultado de decisiones equivocadas en busca de amor, aceptación, aprobación y valor.

Sin embargo, a veces somos víctimas de las circunstancias. Se nos pone en situaciones divinas de manera estratégica. Suelen ser situaciones difíciles con gente difícil. Pasamos por ellas para mostrar a Dios en la historia. Así fue aquella muy, muy fría noche de invierno en Talkeetna, Alaska.

A mi esposo y a mí nos pidieron que cuidáramos una casa y a un equipo de perros de trineo mientras el propietario de Fireweed Station hacía un viaje a Rusia. Como nuestra cabaña no tenía agua corriente ni electricidad, estuvimos encantados de pasar unas semanas en esa vivienda que tenía ducha, inodoro y luces.

Esa noche en particular fue casi un año después de que un conductor ebrio atropelló a mi esposo a más de 112 Km/h. Como mencioné anteriormente, las lesiones de Jesse incluyeron cinco discos intervertebrales rotos, tres costillas separadas de la espina dorsal, una clavícula rota, un hombro roto, una gravísima lesión en el lóbulo frontal del cerebro, y su visión se redujo al 2% y monocular; más tarde, luchó contra la ceguera y no sabíamos si perdería la visión permanentemente. La más difícil de soportar fue la lesión en la cabeza. Mi esposo ya no podía canalizar el dolor porque este vivía en su cabeza.

En varias ocasiones, lo encontré hecho bolita agarrándose la cabeza desesperadamente. Hubo muchos días en los que desahogaba todo su dolor y frustración con quien tuviera cerca, quien normalmente era yo. Un día, me escupió su dolor por nueve horas. Aunque mi mente entendía, mi alma estaba cada vez más asediada y cansada.

En esa noche oscura y muy fría en particular, llegamos a la Fireweed Station después de un largo día de trabajo y estábamos cansados. No sé qué encendió la mecha de Jesse, pero algo lo hizo. Empezó a atacarme, culpándome por todos sus problemas. Sus mordaces palabras me hirieron profundamente. En medio del dolor, atacó mi personalidad, mi identidad y mi valor. No tenía defensa, ni había mediador, ni hubo pausas en su ataque para recargar. Ola destructiva tras ola destructiva me bañó. Por dentro, podía sentir que me rompía, casi un cortocircuito. Llegué a un punto en el que estaba... acabada. No me quedaba nada... Eso era todo… Estaba acabada.

Salí corriendo por la puerta de la cabaña hacia la oscuridad de esa noche de invierno. Estábamos a kilómetros de distancia de cualquier otra persona; sin abrazos reconfortantes, sin refugio, sin escapatoria. Sin saber qué hacer, me arrojé a la nieve y le rogué a Dios que me hiciera morir.

"Este es mi fin. Oh, Dios... ¡Ya no queda nada de mí! ¡Llévame contigo, porque no puedo más! Oh, Dios mío: ¡TE RUEGO que me lleves a casa!".

Mis súplicas fueron interrumpidas por Jesse, quien estaba todavía de pie en la puerta de la cabaña, gritándome; el dolor en su cabeza me lanzaba más insultos.

Las lágrimas se congelaban en mi rostro casi tan pronto como caían de mis ojos. Rogué fervientemente por la intervención divina, deseando que todo terminara. Estaba en una situación muy, muy mala.

Entonces apareció el Espíritu de Dios. Sentí una extraña agitación en lo profundo de mi alma. Una Palabra daba vueltas en mi espíritu:

—Lucha.

Había estado emocionalmente entumecida durante tanto tiempo, soportando los ataques de todos los hombres en mi vida, que ya no me quedaban ganas de luchar. Casi toda mi vida, solo soporté. He sobrevivido hasta ahora soportando todo.

La agitación del Espíritu me trajo a la mente a la niña que había en mí y recordé un día en el que tuve coraje. Aunque ya no sabía luchar. ¿Cómo luchar contra alguien que carece de la capacidad de razonar y cuyo cerebro solo sabe escupir dolor?

—Lucha —dijo nuevamente el Espíritu—.

Entonces tendría que luchar (además, tenía mucho frío, tirada en la nieve sin chaqueta). Así que me levanté, me sacudí y caminé con valentía hacia mi esposo, que estaba parado en la puerta de la cabaña con la ira marcada en todo su rostro. Me paré frente a él en las escaleras, le miré a los ojos y dije dos de las palabras más groseras que se me ocurrieron.

Para aquellos de ustedes que vivan con una persona con lesión cerebral, entiendo su dolor, pero lo más importante es que nunca jamás hagan lo que yo hice. ¡Eso empeoró las cosas y Jesse soltó una letanía de palabras hirientes que realmente me hirieron en la médula! Con eso, cerró la puerta de golpe y me dejó parada, en shock, en el frío.

Corrí salvajemente hacia la nieve y me tiré allí... otra vez. Le rogué a Dios una y otra vez que me llevara. Incluso le culpé a Él:

—¿Ves? ¡Hice lo que me dijiste que hiciera y mira lo que pasó!

A medida que el frío se apoderó de mí, recordándome que estaba viva, rogué con más intensidad.

Fue entonces cuando escuché desde lo más profundo de mi ser la pregunta del Espíritu:

—*¿Estás lista para luchar a mi manera?*

Bueno, en ese momento, tenía bastante frío y, si Él no iba a aceptarme, estaba dispuesta a intentar cualquier cosa. Sin saber qué haría ni qué pasaría, me paré de la nieve y me acerqué a la cabaña. Fue entonces cuando me envolvió una paz que sobrepasa todo entendimiento.

Entré tranquilamente a la sala de estar y me acerqué a mi esposo, ignorando su mirada gélida. Le miré directamente a los ojos y le dije:

—**¡Nunca podré ganarte en una discusión, ni igualar tu furia, pero puedo amar más que tú con los ojos cerrados!**

Dicho esto, me di vuelta y me fui a la cama.

Mi esposo luego dijo que algo cambió en su cabeza esa noche. Después de eso, se volvió más "consciente". Cada vez que el dolor y la frustración se volvían abrumadores y él empezaba a desahogarse, me miraba con una mirada casi de pánico en sus ojos y proclamaba en voz alta:

—¡LO SIENTO!

Luego, un momento después, volvía a escupir dolor.

Sin embargo, a medida que pasó el tiempo, esos episodios se hicieron cada vez menos frecuentes. Fueron necesarios tres largos años para que Dios me devolviera a mi esposo, hecho un hombre nuevo y mejor. Desde aquella noche en la cabaña en la que aprendí a luchar a la manera de Dios, Jesse y yo decidimos amarnos más el uno al otro. Casi veinte años después, todavía decimos "te amo" al final de cada conversación telefónica, cada vez que salimos a trabajar y en todas las oportunidades espontáneas que surgen. Nos hemos inventado anomalías como:

—Te amo.

—Yo también te amo, cariño.

—Bueno, te amo más.

—Te amo más.

—No, te amo más que más.

Y entonces, nos reímos.

El amor mutuo también se manifiesta en las cosas que hacemos todos los días. Aunque ambos sabemos que no es nuestra responsabilidad hacernos felices unos a otros (la felicidad es una elección), planificamos estratégicamente nuestro día para ministrarnos unos a otros. Aunque tengo dos trabajos (soy profesora universitaria) y llego tarde a casa varias noches a la semana, sin planearlo, me siento junto a mi esposo en el sofá con una toalla y aceite y le doy un masaje en los pies. A veces, durante el día, le envío espontáneamente un mensaje de texto como "La esposa ama a Mongo" (es el apodo que yo le puse, porque es muy fuerte).

Mi esposo suele reservar el decirme que me ama más para las expresiones más importantes de la vida. Recientemente, reparó nuestra pequeña y remota cabaña en las tierras salvajes de Alexander Creek, Alaska. Como profesora, a menudo tengo que llevarme trabajo a casa. Como escritora, anhelo los lugares tranquilos para poner palabras sobre el papel. En esa pequeña cabaña, construyó una mesa, instaló un fregadero y una pequeña estufa, y conectó un tomacorriente y un generador para cargar mi ordenador; todo para que yo pudiera disfrutar la aventura con él y trabajar en mi vocación.

Al elegir amar más, estamos revelando quién es Dios: Sus obras, Su carácter y Su bondad. En la vida, "eso" es la determinación de amar más, ¡y hace toda la diferencia en el mundo!

Lavarse con el agua de la Palabra
CAPÍTULO QUINCE

"Maridos, amad a vuestras mujeres, así como Cristo amó a la iglesia y se dio a sí mismo por ella, para santificarla, habiéndola purificado por el lavamiento del agua con la palabra".

Efesios 5:25-26 (LBLA)

Mi esposo, antiguo ganadero y vaquero campeón mundial de rodeo, es uno de los mejores pastores que he conocido. Él diría que, al igual que el rey David, aprendió la mayor parte de sus habilidades interpersonales trabajando con caballos y ganado. Tiene una manera de "leer" a los animales y a las personas: aborda el origen de los problemas en lugar de aplicar un ungüento para los síntomas. Algunas personas encuentran ofensiva esa intrusión personal porque arranca los candados oxidados que encierran cuestiones escondidas en las cámaras oscuras de sus corazones. Sin embargo, aprecian que él no les haya tratado con condescendencia, ni les haya adulado o engatusado. La mayoría de la gente aprecia la verdad.

Sin embargo, a veces, la verdad sale de mi esposo como si fuera un verdadero vaquero. No encaja en el estereotipo de la mayoría de los pastores de alto rango. En lugar de trajes de tres piezas, él es mi hombre de jeans y botas de vaquero (¡sí... es muy guapo!). Nuestra iglesia tiene más hombres que mujeres porque Jesse es un hombre de hombres. Al orientar a los jóvenes, les alienta con el ejemplo a mantenerse firmes, decir la verdad y vivir la aventura.

Hace años, estábamos preocupados por el creciente índice de divorcios en las familias cristianas. Al asesorar a otras personas, Jesse y yo descubrimos que muchas de estas unidades familiares se desmoronaban como resultado del agotamiento. Trabajaban toda la semana, los sábados se ponían al día con recados, compras y lavandería, lo que dejaba el domingo como el único día para pasar tiempo de calidad juntos. Sin embargo, si asistían a los servicios religiosos dominicales, a esas familias les quedaba muy poco tiempo para invertir unos en otros. Por lo tanto, decidimos tener servicios de "Shabbat" los viernes por la noche para que las familias pudieran pasar el fin de semana haciendo cosas como una unidad.

La familia de nuestra iglesia hace muchas cosas juntas al aire libre en Alaska (campamentos, pesca, paseos en motos de nieve, caminatas, piragüismo) y nuestras familias prosperan. Los hombres aprenden a ser hombres, las parejas aprenden a divertirse y trabajar juntos, y los niños aprenden cómo es una relación "saludable".

No siempre fue así. Desearía que, cuando comenzamos en el ministerio, supiéramos lo que sabemos ahora. Aunque tuvimos profesores maravillosos, algunas cosas hay que aprenderlas en la escuela de la vida.

Una de las lecciones más difíciles tuvo que ver con nuestra propia relación. Las esposas de los pastores son de las mujeres más solitarias del mundo. Generalmente, se nos conoce, no por nuestros nombres, sino como "la esposa del pastor", y tenemos que compartir a nuestro esposo con toda una comunidad de personas que lo necesitan. Los atributos distintivos de mi esposo que lo diferencian de aquellos que no tienen corazón de pastor es que es accesible a la gente y, si alguien está en problemas, está dispuesto a intervenir y quedarse con esa persona el tiempo que sea necesario para sacarla de ahí. Yo, como profesora, soy más propensa a pararme en mi podio y recordarle:

—Yo te enseñé cómo salir de allí, ahora ármate de valor y comienza a actuar como una dama (esposa, madre, hombre, esposo, padre, sea cual sea el caso).

Mi esposo no. No importa la hora, se levanta de la cama, conduce a través de una tormenta de nieve, se estrella contra un fumadero de crack y rescata a jóvenes (es una historia real; después de eso, recibimos amenazas de muerte), o simplemente se sienta con alguien en el hospital.

Eso puede poner a prueba a una relación joven. Cuando comenzamos nuestra relación, yo observaba cómo ungía tiernamente la frente de una persona y oraba apasionadamente por ella. Cuando estaba con él en las rondas de visitas, él frotaba suavemente los brazos y las piernas de algún paciente para aumentar la circulación o le hablaba mientras le daba un masaje en los pies. Todo eso hizo bien a mi corazón.

Un día, sin embargo, era yo quien estaba enferma. Esa mañana, antes de que se fuera a trabajar, le pedí que orara por mí. Yo esperaba de él el mismo trato amable y tierno que él reservaba para el rebaño. En cambio, me dio una palmada torpe en la frente y pronunció en voz alta:

—¡Sana, sana, colita de rana!

Dicho eso, dio media vuelta y se fue.

Estaba demasiado herida para siquiera llorar. Ese acto dijo mucho sobre mi valor en comparación con el de la comunidad que él pastoreaba.

A lo largo de los meses siguientes, la mentira que ese día creí verdad fue validada una y otra vez. En lugar de frotarme la espalda cuando me dolía o acariciarme apasionadamente, me empujaba o golpeaba y se enojaba cuando no respondía a su lenguaje de amor juvenil (lo que no supe hasta mucho, mucho después, fue que él tardó en desarrollar madurez en las relaciones porque no recibió el toque y la afirmación de su padre en su juventud; sin embargo, no le culpo, ya que su padre tampoco recibió eso).

Cuanto yo más albergaba sentimientos dolorosos, más consciente era de las crecientes ofensas. Un día, se convocó una reunión pastoral en nuestra gran iglesia y, como ministra ordenada, me presenté junto a mi esposo. Mientras los otros pastores entraban, el pastor principal miró en mi dirección y me pidió que fuera a buscar café para todos. Como soy servidora de corazón, cumplí con la solicitud. Cuando regresé con la jarra y las tazas, el pastor me recibió en la puerta, tomó la bandeja y me pidió que me sentara en el área de espera. Me quedé estupefacta y sin palabras cuando cerró la puerta frente a mí. Luchando contra las lágrimas, me senté en la sala de espera mientras todos los demás ministros (que casualmente eran hombres) participaban en la reunión pastoral.

De camino a casa, Jesse no entendía por qué yo estaba callada y dolida por tal cosa. No veía el problema; por lo tanto, yo debía ser el problema. Me acusó de exagerar, de provocar drama y de sembrar disensión. Cuando llegamos a casa, estaba completamente enojado conmigo. Un escalofrío invadió el dormitorio esa noche mientras lágrimas silenciosas brotaban de mi corazón roto.

A la mañana siguiente, mientras hacía el viaje de 56 kilómetros al trabajo, abrí mi corazón ante Dios. Llorando, me lamenté:

—¿Cómo puede mi esposo culparme por *eso*? ¿Qué tan difícil es para él simplemente escucharme cuando digo que hirieron mis sentimientos? ¿Qué hice para enojarle tanto? ¡Padre, lo que más me molesta es que la opinión que mi esposo tenga sobre mí IMPORTA!

Inmediata y audiblemente (una de las pocas veces en mi vida), la voz de mi Padre bramó:

—¡SU OPINIÓN SOBRE TI ES LO QUE MÁS ME IMPORTA!

Ese día, dejé todo mi dolor acumulado a los pies de mi Padre. Lo que mi esposo piense de mí es lo más importante para mi Padre, porque Él sabe que de la abundancia del corazón hablará nuestra boca.[51] Las palabras tienen un poder enorme: pueden cultivar y nutrir, extinguir y destruir, curar o herir, levantar o derribar.

Las palabras no desaparecen cuando salen de nuestra boca, sino que quedan encapsuladas espiritualmente y flotan por el aire aterrizando donde quieran. En el ánimo con el que sean dichas está la semilla que será plantada. Pablo entendió las ramificaciones espirituales de la palabra hablada, especialmente en las relaciones matrimoniales, cuando escribió a la iglesia en Éfeso:

> *Porque el marido es cabeza de la mujer, así como Cristo es cabeza de la iglesia, siendo Él mismo el Salvador del cuerpo. Pero así como la iglesia está sujeta a Cristo, también las mujeres deben estarlo*

a sus maridos en todo. Maridos, amad a vuestras mujeres, así como Cristo amó a la iglesia y se dio a sí mismo por ella, para santificarla, habiéndola purificado por el lavamiento del agua con la palabra, a fin de presentársela a sí mismo, una iglesia en toda su gloria, sin que tenga mancha ni arruga ni cosa semejante, sino que fuera santa e inmaculada.

Efesios 5:23-27 (LBLA)

Para que entendamos el misterio espiritual trino al que se refiere Pablo, veamos ese pasaje en contexto. Primero, Pablo dice que *"el marido es cabeza de la mujer, así como Cristo es cabeza de la iglesia"*. La palabra griega para "cabeza" es *"kephale"* y significa "jefe, fuente de vida, río naciente". A diferencia de aquellos que usarían este versículo para dominar a otro, el esposo (que representa a Cristo ante su esposa y el mundo) es el río naciente (de donde fluyen las cosas de la vida) para su esposa, así como Cristo es la fuente de vida para la iglesia (Su novia). Nótese también en este versículo que el esposo representa a Cristo y la esposa representa a la iglesia.

Así como la iglesia responde al amor de Cristo, las mujeres responden a la vida (o muerte) que fluye de sus esposos. Si una mujer no responde favorablemente, ¿qué clase de agua fluye hacia ella? Además, la forma en que un hombre trata a su esposa (la madre de sus hijos) determinará cómo ella y el mundo que observa se sentirán con respecto a Yeshua y Su carácter. La gente verá a Cristo como alguien lleno de amor y gracia o como un juez severo que controla y condena; todo depende de cómo los hombres traten a las mujeres en sus vidas.

Luego, Pablo reitera cómo las esposas representan a la iglesia ante sus esposos y ante el mundo: *"Pero así como la iglesia está sujeta a Cristo, también las mujeres* deben *estarlo a sus maridos en todo"*. Él dice que, así como la iglesia está sujeta (la palabra del lenguaje del amor, *"hupotassō"*, que significa "voluntariosos y adaptables") a Cristo, las esposas deben estarlo a sus esposos en todo. ¡Nuestras acciones hacia y en respuesta a nuestro esposo le muestran al mundo (y a la iglesia) cómo responder a Jesús! ¿Buscamos maneras de pasar tiempo con nuestro esposo? ¿Estamos dispuestas a darle lo mejor que tenemos? ¿Mantenemos una actitud positiva (*voluntariosa y adaptable*) en todo momento? El mundo debería preguntarse: "¿Qué tiene este hombre para que ella le responda así?".

En la siguiente frase, Pablo se dirige a los hombres: *"Maridos, amad a vuestras mujeres, así como Cristo amó a la iglesia y se dio a sí mismo por ella...".* La palabra utilizada para "amor" es *"agapeō"*, que significa "dirección de la voluntad". Él quiere decir: "Esposo, es posible que no tengas ganas todo el tiempo, es posible que ni ella siquiera te guste mucho en ese momento, pero elige amarla con el amor de Dios". El amor de Dios es *"ágape"*: el amor que se necesita. Ella necesita tu amor y atención. Ella necesita que la cortejes, así como Jesús todavía corteja a la iglesia.

- ¡Jesús atiende nuestras necesidades sin que siquiera se lo pidamos! ¿Hacemos esto los unos por los otros?
- ¡Él nos dice que tiene grandes planes para nosotros y nos ayuda a cultivar nuestros sueños! Esposos, ¿cultivan ustedes los sueños de sus esposas o le "tapan el sol" en su vida, dando la impresión de que la única esperanza de ellas en este mundo es verles hacer lo que USTEDES quieran hacer?
- Él siente todo lo que hacemos y se preocupa lo suficiente como para embotellar nuestras lágrimas. Esposos, ¿escuchan a sus esposas o apenas escuchan un distante sonido metálico cuando ellas comparten sus sentimientos con ustedes?
- Él nos acepta tal como somos y nos anima a crecer. Recordad que las peculiaridades de vuestras esposas son lo que les hace únicas.
- Él insiste que somos importantes y que nuestras vidas tienen significado y propósito.
- Nosotros Le importamos, realmente Le importamos.
- Somos Su jardín. Él nos nutre y cultiva.
- Él canta sobre nosotros mientras dormimos. Esposos, ¿dan serenatas a sus esposas o bailan con ellas en la sala de estar? Mi esposo es un bailarín maravilloso. Cada vez que salimos

a bailar, normalmente bailo con él hasta que todas las ancianas en la sala quieren robárselo para ellas. De hecho, hoy estamos juntos porque, hace muchos años, ¡una pequeña y linda chica interrumpió nuestro baile y me puse celosa!

Esposos, cuando aman a sus esposas como Cristo las ama, el resultado es *"...santificarla, habiéndola purificado por el lavamiento del agua con la palabra..."*.[52] Abordemos la segunda mitad de esa frase primero, porque son las palabras del esposo las que la santifican (la apartan de los demás). El hombre lava a su mujer con el agua de las palabras. En este caso, las "palabras" son *"rhema",* que significa "hablar; una palabra hablada o pronunciada; representa el tema de la palabra, aquello de lo que se habla".

Una esposa es el jardín de su esposo. Así como a Adán se le enseñó a cuidar y cultivar un jardín antes de que le presentaran a Eva, el trabajo del esposo es cuidar y cultivar a su esposa. Un jardinero sabio sabe que debe alimentar la tierra para cosechar. Si un hombre absorbe la vida de su esposa, ella eventualmente morirá emocionalmente, encontrará otra fuente de valor o simplemente dejará a ese imbécil. Sin embargo, si un hombre la nutre y la cuida, ella florecerá como una rosa. Donde quiera que vaya, brillará y emanará una dulce fragancia debido a la forma en que la han tratado los hombres de su vida. Ella realmente creerá que es alguien especial. Ella se destacará del resto (será santificada). ¡Las palabras de un esposo tienen *mucho* poder! ¡No es de extrañar que a Dios lo que más le importe sea la opinión que tiene de su esposa!

Continuando con el pasaje de Efesios 5, Cristo *anhela "...presentársela a sí mismo, una iglesia en toda su gloria, sin que tenga mancha ni arruga ni cosa semejante...".* En griego, "presente" se dice *"paristémi",* que en este caso significa "tener a un lado". ¡Él espera con ansias el día en que la Novia se siente a Su lado en toda su gloria! En griego, "gloria" se dice *"endoxos",* que significa "espléndido, regio, impresionante, hermoso". ¡Así debería un esposo presentar (tener a su lado) una esposa cuya gloria hable bien de él!

A menudo, aconsejo a las mujeres jóvenes que pasen tiempo con la familia de su posible pareja antes de comprometerse en una relación. La forma en que un hombre trata a su madre será a menudo la misma forma en que trate a su esposa. Además, como pastores, mi esposo y yo generalmente tratamos de observar cómo interactúa una pareja fuera del entorno de la iglesia antes de comenzar a asesorarlos. ¿La esposa tiene su propia voz o él responde por ella? ¿Ella mantiene la cabeza en alto o se muestra avergonzada? La vergüenza es la creencia de que algo anda mal. Una esposa no cultivada acabará por creer que está defectuosa, que algo de ELLA anda mal y hace que su esposo la trate mal.

La forma en que una mujer actúa con su esposo dice mucho sobre *él*. Ella es su jardín (como nota al margen, comprended que estas son solo generalidades. Siempre hay excepciones a la regla general. A lo largo de los años, hemos visto casos de hombres amorosos que son atormentados por mujeres con problemas malos. Sin embargo, si examináramos la vida de estas atormentadoras, es muy probable que encontráramos casos concretos en los que los hombres les hayan fallado o que hayan tenido madres que les hayan enseñado a odiar a los hombres. Triste. Sin embargo, la regla general es que, dado que las mujeres son respondedoras, la esposa generalmente es un buen reflejo de su esposo).

Me gusta la mujer que soy hoy. Jesse y yo hemos pasado juntos por momentos bastante difíciles, pero no cambiaría nada. Mis únicos arrepentimientos que persisten son de cuando nos llevó demasiado tiempo encontrar a Dios en nuestras dificultades.

Mi esposo, siendo el maravilloso Pastor que es, finalmente superó la inseguridad y confía en mí lo suficiente como para volverse vulnerable. Ahora, cuando necesito oración, él ya no me da una palmadita en la frente (¡gracias a Dios!). Y, cuando he tenido un día difícil, él no se enoja ni quiere arreglarlo todo, simplemente me da el abrazo que necesito desesperadamente. Lo más importante es que me ve como su jardín, un reflejo de quién es él, y elige con cuáles palabras regarme. Su opinión sobre mí es una imagen viva de él y "eso", lo que piensa de mí, le importa mucho a mi Papá.

Y los dos serán uno
CAPÍTULO DIECISÉIS

"Así también deben amar los maridos a sus mujeres, como a sus propios cuerpos. El que ama a su mujer, a sí mismo se ama. Porque nadie aborreció jamás su propio cuerpo, sino que lo sustenta y lo cuida, así como también Cristo a la iglesia; porque somos miembros de su cuerpo. Por esto el hombre dejará a su padre y a su madre, y se unirá a su mujer, y los dos serán una sola carne".

Efesios 5:28-31 (LBLA)

Cuando la Novia se sienta al lado de Cristo, ella no tiene manchas ni arrugas. No sé ustedes, pero yo planeo tener una larga charla con Dios sobre las manchas de la edad y las arrugas. Sin embargo, como punto positivo, ¡me he *ganado* cada una de ellas! ¡Me resulta difícil mirar a esa abuela frente al espejo cuando por dentro siento que tengo treinta años!

Las manchas y arrugas, aunque estén en el exterior, comienzan en el interior. En griego, "mancha" se dice *"spiloo"*, que significa "sucio". Jesús está muy preocupado por nuestra salud y bienestar interior. Es Su deseo tener una Novia a su lado que sea hermosa, radiante, y no desgastada ni andrajosa emocionalmente. ¡Él quiere que Su Novia sepa quién es ella y el valor que tiene!

Él también desea que Su Novia sea *"santa e irreprensible"*. En griego, "santo" se dice *"haglos"*, que significa "apartado, puro". En 1 Pedro 1:15-16, dice: *"…sino que así como aquel que os llamó es santo, así también sed vosotros santos en toda vuestra manera de vivir; porque escrito está: Sed santos, porque Yo soy santo".*

Muchos de nosotros entendemos mal lo que significa ser "santo". A lo largo de los años, hemos sido reprendidos por los ultrarreligiosos por reírnos en el santuario, esquiar los domingos, tocar una canción secular durante la adoración, usar jeans para ir a la iglesia e incluso por decir "mierda" alguna vez. Yeshua quiere que Su novia sea santa, pero, si lo antes mencionado fuera el criterio para ser "santo", Su esposa sonaría... aburrida.

Si observamos el verdadero significado de la palabra *"haglos"*, encontramos que simplemente significa que su esposa sea pura de corazón. Que sea libre de ser ella misma. Que no haya ningún motivo oculto tras sus acciones. Jesús mismo dijo: *"Bienaventurados los de limpio corazón, pues ellos verán a Dios".*[53] ¡La Novia, libre de ser única y peculiar, se sentará junto a Dios!

Mi esposo se casó con una mujer "peculiar". A veces, pienso que no soy exactamente lo que él esperaba de una esposa. Algunos aspectos de mi personalidad única que le ha costado comprender son:

- Me encantan las rocas. Tenemos paredes de roca en nuestra casa, rocas en los estantes e incluso "jardines" de rocas. Cada roca cuenta una historia y, un día, me sentaré con el Creador y le pediré que me cuente la historia de cada una.
- Soy una cazadora de tesoros. Cada día es una aventura mientras busco el tesoro que Él ha escondido para mí.
- Soy portadora de la verdad. Amo la VERDAD y aborrezco los secretos. Creo en la necesidad de tratar con los "elefantes blancos" en la habitación para que podamos tratarnos honestamente unos a otros.
- No me preocupa dónde esté el lugar de adoración apropiado, yo simplemente adoro. He cantado espontáneamente durante el servicio, he levantado la vista hacia el río al pescar, he levantado las manos hacia el cielo en las cimas de montañas y he bailado ante mi Padre en la privacidad de mi hogar.

- Recojo centavos. Si Él no puede confiar un poco en mí, ¿cómo va a confiar mucho?
- Recojo basura. Aunque a veces nos sentimos un poco humillados, administramos esta tierra.
- No puedo dormir si hay arrugas en las sábanas.
- Me visto poniéndome, en orden: calcetín, zapato, calcetín, zapato; en lugar de ponerme: calcetín, calcetín, zapato, zapato.
- Hablo libremente sobre cualquier tema con mis hijos espirituales. Quiero que estén sanos en todos los ámbitos.
- Me gusta el vino tinto, las manzanas con mantequilla de maní, y masco chicle casi todo el tiempo.
- Me molesta la textura de algunas comidas. Cualquier cosa que se parezca a un moco está prohibida.
- Soy organizada y amo la organización. Es muy duro cuando una persona así se casa con un visionario. Un visionario tiene la vista puesta en los objetivos, no en los calcetines sucios que hay por la habitación.
- Soy frugal. Corto las toallitas para secadora en tercios, me lavo el cabello con bicarbonato de sodio y lo enjuago con vinagre de sidra, lavo y reutilizo bolsas Ziploc, y como sobras de comida.

Estoy segura de que mi esposo no se esperaba eso cuando se ganó mi corazón. Pero, hoy en día, él dice que son todas esas idiosincrasias las que me hacen interesante para él: ¡Soy su hermoso DESASTRE! Sin embargo, juntos nos complementamos y, en el Reino, ¡sin duda formamos un gran equipo! No es de extrañar que Jesús dijera a los discípulos que necesitan saber quiénes son ellos mismos si quieren ser eficaces en los asuntos espirituales. En Mateo 17, cuando los discípulos no pudieron expulsar un demonio, llevaron el asunto ante Jesús. Les explicó a los discípulos: *"Por vuestra poca fe; porque en verdad os digo que si tenéis fe como un **grano de mostaza**, diréis a este monte: «Pásate de aquí allá», y se pasará; y nada os será imposible"*.[54]

Debemos creer *como* cree un grano de mostaza. ¿Qué sabe un grano de mostaza? Solo sabe una cosa... que es un pequeño grano de mostaza. Cuando plantas un grano de mostaza, se convertirá en una planta de mostaza... No en una de plátano, sino en una de mostaza.

Yeshua les decía que, si saben quiénes son, podrán lograr cualquier cosa. Cuando juntas a dos personas que saben quiénes son, incluyendo su grandeza, sus peculiaridades y sus imperfecciones, ¡nada les será imposible!

Aunque Pablo no estaba casado, sabía lo importante que era para el esposo mirar a su esposa, verla tal como es y llevarle esa grandeza con su palabra. Dijo: *"Así también deben amar los maridos a sus mujeres, como a sus propios cuerpos. El que ama a su mujer, a sí mismo se ama. Porque nadie aborreció jamás su propio cuerpo, sino que lo sustenta y lo cuida, así como también Cristo a la iglesia; porque somos miembros de su cuerpo. Por esto el hombre dejará a su padre y a su madre, y se unirá a su mujer, y los dos serán una sola carne"*.[55] Para ser un equipo eficaz, cada cónyuge necesita una pareja sana.

Así como las esposas *deben* ser voluntariosas y adaptarse a sus esposos en todo,[56] los esposos *deben* amar a sus esposas. El uso que hace Pablo de la palabra "deber" me dice que, como regla general, los maridos no aman a sus esposas como a sí mismos y las esposas no responden bien. Para Pablo, no tiene sentido que no sea así.

Por lo tanto, Pablo cita a Moisés y dice que el hombre debe dejar a su padre, a su madre y todo lo que le es familiar para poder unirse (pegarse a) su esposa. Cuando un hombre la nutre (le proporciona todas las cosas necesarias para vivir y la hace desarrollarse y fortalecerse) y la cultiva (la cuida con ternura), ¡él gana! ¡No solo tendrá una Novia hermosa e impecable llevada de su brazo, sino que ella (como respondedora) le respetará y admirará! Para Pablo, tiene sentido.

Luego, Pablo se dirige a las esposas: "...y que la mujer respete a su marido".[57] Las esposas *deben* hacer todo lo posible para responder respetuosamente a su esposo cuando él se vuelva vulnerable, al dejar todo lo que conoce para cultivarla a ella. Esto implica que ese acto es una ELECCIÓN. ¡Es responder a nuestros esposos con un "gracias", un masaje en la espalda o un "bien hecho"! Desafortunadamente, muchas mujeres todavía permiten que viejas heridas se infecten y los hombres no tienen un lugar seguro donde ser vulnerables. Así como el amor es una elección para los hombres, el respeto es una elección para las mujeres. A veces, simplemente necesitamos lidiar con viejas heridas (problemas), armarnos de valor y seguir con la vida. "Eso" no se trata solo de ti, sino del éxito de NOSOTROS.

La santidad del momento
CAPÍTULO DIECISIETE

"Restitúyeme el gozo de tu salvación, y sostenme con un espíritu de poder".

Salmo 51:12

El beso de matrimonio marca el momento en el que los dos se han metido "en eso" a largo plazo, en las buenas y en las malas. Dios no promete que será fácil o que la vida será justa. Más bien, en esa relación trina, creo que Dios desea que experimentemos tiempos insoportablemente difíciles para que podamos desarrollar una historia juntos. Me gusta pensar en ello como "Su historia" porque Dios está con nosotros, sintiendo todo lo que hacemos. Solo tenemos que buscarlo en todas las cosas.

La historia recorrida es el sitio seguro de una relación fuerte. No me siento amenazada por mujeres jóvenes y bonitas que coquetean con mi esposo (no estoy contenta con eso, pero definitivamente no me siento amenazada) porque Jesse y yo tenemos una historia: de devastación, de empezar todo de nuevo, de vivir sin electricidad ni agua corriente, enfermedades, desesperación… ¡y júbilo! Tenemos pruebas del carácter, la firmeza y la lealtad del otro. Tenemos evidencia para tenernos confianza a pesar de lo que suceda a nuestro alrededor. De alguna manera, sabemos que superaremos la tormenta. Con cada tormenta, viene una hermosa revelación de Dios. El Libro del Éxodo (en realidad llamado el Libro de Shemot o el Libro de los Nombres), no es un libro sobre el viaje de los israelitas alrededor de una montaña durante cuarenta años y todas sus pruebas, sino un libro sobre Dios que revela Su carácter, Su amor y quién es Él para la gente. Él todavía acostumbra a aprovechar los tiempos difíciles para revelarse a nosotros.

En la primavera de 2015, como lo hizo una vez el rey David, derramé mi corazón ante Abba Padre para que me devolviera al gozo de Su salvación.[58] Estaba deprimida. En mi matrimonio, en la iglesia y en el trabajo, me limitaba a seguir la corriente, emocionalmente distante. Quería volver a *sentir*, abrazar la vida y entusiasmarme con algo. Me sentí como si estuviera viviendo en un luto perpetuo, con mis sueños en pausa mientras servía a quienes me rodeaban y atendía todas mis responsabilidades (que es lo que hacen los adultos). Sabía que no podía permanecer en ese estado por mucho más tiempo porque solo podemos dar de lo que nos sobra, no de lo que necesitamos.

Esa mañana, en mi viaje de 64 kilómetros al trabajo, lloré: *"Señor, devuélveme al gozo de tu salvación, ¡al gozo de una relación con Jesús!"*. En mi mente, le pedí una revelación, una palabra hablada, o incluso un "boom" sobrenatural que me sacara de mi depresión. En cambio, fiel a Su tipo de amor ágape (es decir, dar lo que se necesita), puso en marcha una serie de eventos.

Ese julio, Jesse y yo salimos en cuatrimoto con otra pareja en Eureka, Alaska, unos 200 kilómetros dentro de las tierras salvajes. Es uno de mis lugares favoritos en el mundo. Por años le dije a mi esposo

—Si me pasa algo, párate en la cima de Monument Hill y deja que mis cenizas se las lleve el viento. Es un lugar donde se puede ver… la eternidad.[59]

El río Nelchina atraviesa ese panorámico valle. Ese julio, resultó que el río estaba caudaloso, cargado de derretimiento glacial, y no había un lugar ideal para cruzarlo con cuatrimotos, así que nos detuvimos en un sendero a unos 9 metros de pendiente desde el río. Después de un almuerzo tipo picnic, nuestros amigos y Jesse se dedicaron a preparar las cañas para pescar tímalo. Como de costumbre, busqué rocas mientras nuestra querida perra setter inglés, Jena, exploraba con entusiasmo nuevos territorios.

Mientras yo descendía por la empinada pendiente hacia el río, hurgué entre la maleza en busca de rocas fósiles; entonces, por el rabillo del ojo, vi algo blanco flotando a lo largo de la orilla del río. ¡Nuestro perro se había caído al agua embravecida! La fuerte corriente la había empujado hacia las ramas colgantes y se estaba ahogando. En cuestión de nanosegundos, tracé mi estrategia para rescatarla. Y entonces, sin dudarlo, salté al agua y, como preví, la empujé hacia la orilla. Sin embargo, en cuestión de segundos, mis botas y mi equipo para lluvia se llenaron de agua y me hundí (lo sé, lo sé... ¡Los alasqueños saben que uno no debe saltar a un río embravecido con todo su equipo puesto!). Agarré una rama que colgaba y grité pidiendo ayuda porque nadie sabía que estaba EN el río. Sin embargo, la rama se rompió y la fuerte corriente me arrastró río abajo. Luchando con todas mis fuerzas, pude agarrarme de otra rama que colgaba y gritar pidiendo ayuda nuevamente. Esta vez, Jesse y nuestros amigos, Neil y Lindy, escucharon "algo". Desafortunadamente, la corriente me arrancó de mi fortaleza y me llevó nuevamente río abajo. Mientras todo eso ocurría, el pensamiento racional que pasó por mi mente fue: «Esto es serio, realmente serio". Puede que no salgas de aquí. Tienes que gritar más fuerte». Sin mencionar otros pensamientos aleatorios pero claros: «Tu esposo te necesita. Nadie más puede dar tus clases, debes regresar». Durante la mayor parte de mi vida, he sido una "peleadora" capaz de salir de cualquier situación. Sin embargo, esa vez, no estaba segura de lograrlo.

Arrastrada por la poderosa corriente, levanté frenéticamente mis manos para sujetarme a cualquier cosa.

Finalmente, logré agarrarme a otra rama que colgaba y grité con todas mis fuerzas. Esa vez, escucharon mi grito de auxilio; sin embargo, su pensamiento inmediato fue que un oso se habría apoderado de mí, así que corrieron hacia el origen de mis gritos con armas en mano.

Me hundí una vez más, pero me sujeté con fuerza a la rama. No mucho después de eso, sentí una mano fuerte que me agarraba. ¡Mi esposo, mi amado héroe, me sacó del caudaloso río embravecido! Una vez en la orilla, inmediatamente me quitaron la ropa fría y mojada y me ofrecieron ropa seca y abrigada, y botas para prevenir la hipotermia.

Vivimos un momento precioso después de la traicionera escalada de Monument Hill (en nuestras cuatrimotos). En la cima, me arrodillé ante mi Creador y le agradecí por muchas cosas, incluyendo el que me haya dado más días para vivir, amar y trabajar. Aunque llegar a casa tomó siete horas, nuestra perra (Jena) y yo estábamos bien; un poco traumatizadas, pero bien. ¡Dios es bueno!

Mi esposo, Jesse, dijo más tarde a la iglesia que, aunque le habría dolido perder a Jena, habría extrañado mucho las "palabras" si me hubiera perdido a mí en ese río. Qué cosa tan maravillosa... no solo apreciar los rasgos y peculiaridades únicas del otro, sino también atesorar la conversación y el tiempo que se pasa con el otro en la relación.

Una semana después de ese incidente, yo estaba conduciendo a casa bajo el sol de medianoche de Alaska después del servicio del viernes por la noche con mi querida y dulce hija espiritual, Yasmin. Avanzando por la Autopista Glenn hacia Palmer, nos acercamos a la zona del Lago Echo. De la nada, sin previo aviso, dos jóvenes que viajaban en "cohetes de entrepierna" (motocicletas de alta velocidad) nos pasaron y se ubicaron frente a nosotras, apenas evitando mi auto por menos de cinco centímetros. Más tarde, se estimó que iban a más de 225 Km/h. Apenas recuperé el aliento del susto, llegamos a la cima de una loma y nos topamos con un horrible infierno de fuego. Ni siquiera puedo empezar a describir la escena que teníamos ante nosotras. Los dos motociclistas habían chocado contra una camioneta que se había estacionado en la carretera. Como la primera en llegar, corrí de víctima en víctima evaluando sus necesidades. El conductor de la camioneta caminaba con las manos en la cabeza, tratando de darle sentido a lo sucedido. Su ojo izquierdo le colgaba del pómulo. Una mujer en la camioneta gritaba pidiendo ayuda mientras el hombre en el asiento del copiloto sangraba profusamente. Un joven, gravemente herido, yacía al costado de la carretera junto a una motocicleta en llamas.

Cuando la gente llegó al lugar, les grité:

—Hay otro motociclista en alguna parte, ¡ENCUÉNTRENLO!

Luego, me arrodillé junto al que estaba más cerca de mí. Recé y le hablé suavemente (tratando de ignorar lo herido que estaba). Le dije que estaba bien, que no estaba solo. Respiró hondo y exhaló. Por la Gracia de Dios, ese fue su último aliento.

Para entonces, llegaron los agentes estatales y la policía local, quienes se hicieron cargo de evaluar la horrenda escena. Ambos jóvenes perdieron la vida esa noche… y yo lloré. Más tarde, esa semana, escribí a los padres del joven junto al cual me senté:

> *"A veces, en la vida, me pregunto dónde está Dios. La pérdida y el dolor parecen tan grandes que pierdo de vista al Dador de aliento. En la santidad de este mismo momento, me siento y contemplo un cielo lleno de nubes que oculta la belleza de Pioneer Peak. Sé en mi corazón que la montaña todavía está ahí, pero no puedo verla. Ocurre lo mismo con Dios. A veces, no podemos verlo. Pero Él todavía está allí. Mi nombre es Bobette Stubblefield y fui la primera persona en socorrer a vuestro hijo. Llegué a él en unos segundos. Quiero que sepáis que no estaba solo. Me senté con él y oré por él. En cuestión de minutos, llegaron otros y nos sentamos con vuestro hijo y honramos la santidad de su vida. Como madre que envió a uno de sus hijos a la guerra, solo puedo imaginar vuestro dolor, y lo lamento con vosotros. El rostro de vuestro hijo quedará grabado para siempre en mi mente. Quiero que sepáis que hubo una Paz sobrenatural presente cuando el Dador recuperó el aliento de vuestro hijo. Oro para que esa misma Paz que sobrepasa todo entendimiento os envuelva en este momento tan difícil".*

Dos semanas después de ese desgarrador evento, falleció nuestro querido gato de diecisiete años, Kramer. Y lloré… otra vez.

Una semana después, me encontré en otra intensa situación. Al terminar una clase en la universidad donde enseño, cuando la mayoría de los estudiantes salieron del aula, uno de los estudiantes le arrojó sin provocación algo a otro estudiante. Antes de que pudiera calmar la situación, había comenzado una pelea. Derribaron mesas y arrojaron sillas de un lado a otro. Corrí al pasillo y envié a un estudiante cercano en busca de ayuda; luego, corrí de regreso al salón de clases. En un momento, el atacado sujetó al atacante y realmente pensamos que la pelea había terminado. Sin embargo, cuando lo soltó, el atacante volvió a la carga agresivamente. Fue en ese momento que extendí la mano, agarré su camisa y traté de ordenarle que se detuviera. Pero se sacudió violentamente y mi brazo se hiperextendió. Luego, trató de golpear al otro joven, pero falló y me golpeó en el brazo.

Poco después, llegó suficiente ayuda para calmar la situación. Después de algunos tensos momentos, todos abandonaron el salón menos yo, el atacante y el Director de Educación. Después de una breve evaluación, el Director de Educación le dijo al atacante que debía abandonar el campus de inmediato. Audazmente, la "mamá" que hay en mí anuló su decisión y le dijo al atacante que primero necesitaba ordenar mi salón antes de irse.

Mientras le indicaba dónde iba cada mesa y cada silla, le hablé diciéndole:

—Hijo, no sé qué se te ha pasado por la cabeza hoy, pero me has hecho daño.

Más tarde, me enteré de que me había desgarrado el manguito rotador.

—Lo siento, Srta. Bobette —respondió—.

Una semana después de este incidente, abrí mi correo electrónico y encontré un mensaje urgente de mi hermanastra de Seattle, Washington, diciéndome que la llamara lo antes posible. Al principio, no reconocí el nombre. Por años, me referí (¿con cariño?)60 a mis hermanastras como Griselda y Anastasia, y sinceramente había olvidado sus verdaderos nombres. Cuando llamé a Griselda (no es su nombre real, por supuesto), me informó de que mi padre biológico había puesto en orden todos sus asuntos ese día, y luego había salido al jardín delantero de su casa y se había pegado un tiro en la cabeza. Quedé atónita, no sabía cómo procesar esa información.

No éramos cercanos. Intenté tener una relación con mi padre; mi esposo hasta trasladó a nuestra familia a Seattle en el año 2000 para que pudiéramos conocerle mejor. Sin embargo, un día él y mi madrastra pasaron en auto y vieron a un joven de trece años que cortaba el césped de nuestro jardín. Molesto, mi padre convocó una reunión familiar con mi madrastra, mis hermanastras y sus esposos. Decidieron unánimemente que Jesse y yo estábamos... actuando irresponsablemente.

Un lunes por la mañana, cuando llegué al trabajo, mi padre me estaba esperando. Me dijo que nuestro comportamiento actual era inaceptable y que debíamos asumir la responsabilidad de nuestro propio jardín.

—Tengo más de cuarenta años, he criado a dos hijos y si me da la gana de contratar a un joven para cortar el césped, es asunto MÍO —respondí—.

Durante la siguiente media hora, me reprendió y trató de avergonzarme y de hacerme pensar que había decepcionado a la familia. Finalmente, le dije que él estaba causando que yo le robara a mi empleador (por ocuparme de asuntos personales en horario laboral) y que tendría que abandonar las instalaciones o yo tendría que llamar a seguridad. Y se fue.

Amar a mi padre era más fácil desde la distancia. Entonces, cuando se organizó el funeral, poco después de su muerte, me comuniqué con mis hermanastras y les dije que iba a honrar su posición como hijas en la vida de mi padre, y que no me aparecería por ahí para causar problemas en mi papel de hija "simbólica".

Después de dos semanas, recibí el decreto oficial de los tribunales que establecía en blanco y negro que, aunque mi hermano y yo éramos hijos biológicos de mi padre, TODOS los bienes debían ir a mi madrastra, a Griselda y a Anastasia. Ni mi hermano ni yo esperábamos nada del patrimonio de nuestro padre… pero leer *"RECHAZADOS"* en un documento oficial era otra cuestión. *«Gracias, papá. ¿Era realmente necesario?»* fue todo lo que pude pensar. Aunque me dolió, al final me sentí agradecida de tener una relación sana con mi Padre celestial.

También agradecí en ese momento que Jesse estuviera inmerso en su trabajo como gerente de las áreas ecuestres y agrícolas de la Feria Estatal de Alaska. Las actividades de la feria ocupaban gran parte de su tiempo y eso me permitió pasar tiempo a solas con Abba Padre y sanar. Dio la casualidad de que él había organizado un espectáculo de justas medievales a finales de ese verano de 2015. Hubo una conexión inmediata entre esos caballeros medievales y mi esposo, un vaquero campeón mundial. Al poco tiempo, le hicieron competir con ellos en las justas. Jesse se estaba divirtiendo mucho compitiendo y trabajando con caballos nuevamente.

Sin embargo, sin que lo supiéramos, esa actividad, combinada con 64 kilos de armadura, estaba agravando viejas heridas de rodeo en su cadera. Después de dos semanas de competir, desarrolló una infección séptica en su hueso magullado de su cadera izquierda. Al final de la feria, era evidente que no se sentía bien y estaba extremadamente cansado. Poco después, la infección llegó a la superficie de la zona de sus glúteos. Una vez en la superficie, la infección séptica se convirtió en MRSA.

Un día, mientras buscábamos vivienda, noté que tenía fiebre y que le costaba desenvolverse. Le dije:

—Cariño, olvídate de buscar casa hoy. Vamos a urgencias.

El doctor, antiguo médico de campaña, le operó de inmediato en el consultorio, profundizando en la zona de la cadera. La lidocaína hizo poco para aliviar el dolor de Jesse. Enterró la cara en la almohada y gimió. Yo, por otro lado, comencé a sentir un sabor "metálico" y calor, mucho calor. Al darse cuenta de eso, el doctor dejó de trabajar la herida de mi esposo y me ordenó acostarme. Como realmente quería consolar a mi esposo, me resistí. Momentos después, sin embargo, me di cuenta de que yo no ayudaría en nada si no seguía las órdenes del doctor.

Así que entonces, tirada en el suelo, miré el rostro dolorido de Jesse y supe que no podía ofrecerle consuelo. El doctor siguió trabajando en la zona infectada. Descubrimos que el MRSA estaba precariamente cerca de su colon y arteria femoral. Si hubiéramos esperado dos días, habría estado planeando su funeral.

Al día siguiente, tuvimos que regresar a que le limpiaran la herida nuevamente. Fue un déjà vu: Comencé a sentir un sabor "metálico" y la habitación se puso extremadamente caliente... Sin embargo, entonces miré al doctor y dije:

—Lo sé, lo sé... y obedientemente me tumbé en el suelo.

El doctor le recetó a Jesse un cóctel de drogas para matar cualquier resto de la infección de MRSA. Lamentablemente, esos venenos afectaron el sistema inmunológico de mi marido. Meses después, todavía no se encuentra bien. Sin saber qué más hacer, me aferro a Aquel cuyo nombre es Amor. Nuestras vidas están en Sus manos.

Un par de semanas después del episodio de MRSA, noté que Jena (nuestra querida perra de ocho años) no se sentía bien. Esa mañana, mientras me preparaba para ir al trabajo, en lugar de estar feliz como de costumbre, ella simplemente se quedó allí tumbada mirándome. Cuando le di un beso de despedida a mi esposo, le mencioné que Jena no estaba actuando normalmente.

Apenas unas horas después de comenzar mi clase matutina en la escuela, recibí un mensaje de Jesse que decía: "ORA - IMPORTANTE - ¡ORA!". Para cuando llevó a Jena al veterinario, casi se había desangrado debido a un tumor interno. No tuvimos tiempo de prepararnos para su muerte. Semanas antes, había arriesgado mi vida para salvarla, pero ahora no había nada que pudiera hacer. En unos momentos… ella se había ido.

Es difícil explicar la profundidad de ese apego a quienes no tienen mascotas. Nuestras mascotas siempre han sido una parte integral de la familia. Perder a Jena era como perder una hija. Ella iba a todas partes con nosotros: tenía su propia credencial de empleo en el trabajo de mi esposo, iba a la iglesia con nosotros, y lo acompañaba a él en sus visitas ministeriales. La vida sin ella se sentía vacía, no solo para nosotros, sino también para todos los que nos rodeaban.

En octubre, para el Mes de Apreciación Pastoral, los miembros de nuestra iglesia y aquellos en la feria que trabajan con mi esposo recaudaron dinero para comprarnos otro cachorro setter inglés. "Sam" (abreviatura de Samantha, que significa "Dios escucha") es la miembro más reciente de nuestra familia. Tengo dudas con Dios con respecto a su nombre porque, con 14 semanas de vida, es como tener en casa a un niño pequeño que fuma "crack". Ella es cariñosa, curiosa, de carácter fuerte, malhumorada, enérgica, inteligente y hermosa; todo en un solo paquete.

Mientras el invierno anunciaba su llegada, depositando "polvo del fin" en las montañas circundantes, me di cuenta de que Abba Padre había respondido a mi desesperado pedido de devolverme al gozo de la Salvación (Yeshua). Hoy en día, valoro todos y cada uno de los momentos y me doy cuenta de que *el gozo supremo es la totalidad de vivir en la plenitud de cada momento con Él.* Si Él está en el momento, hay Bien en ese momento. Yo lo llamo la "Santidad del Momento".

Desde entonces, mi oración matutina es:

> *"Señor, abrázame y envuélveme completamente en la santidad de tu momento. Quiero conocer la plenitud de TI, partícula por partícula, espíritu por espíritu. Quiero estar en sintonía con los latidos de Tu corazón en todos los asuntos, ver a través de Tus ojos y oír a través de Tus oídos. Anhelo pensar*

con Tus pensamientos y actuar según Tus maneras. Quiero olerte a Ti y oler como Tú. Permíteme ser derramadora de Ti a lo largo de todos y cada uno de los momentos del día, derramando Tu amor, Tu bondad, Tu sabiduría… y Tu olor dondequiera que vaya".

Así que aquí estoy, meses después, en una cabaña en las tierras salvajes de Alaska, en otra aventura con mi marido. El mero hecho de llegar aquí fue como vivir la vida al borde de la eternidad. Hoy me encontré con un lobo (que afortunadamente siguió su camino) y luché contra el miedo cuando una plataforma de hielo descendió unos centímetros mientras cruzábamos el río. Pero lo logramos, y no lo cambiaría por nada.

Es de noche y escucho a mi esposo roncar suavemente. Él y nuestra nueva amada "Sam" están acurrucados en un saco de dormir. Me siento con una lámpara a batería en la mesa de madera contrachapada que me fabricó, y escribo. La vida es buena.

Solo me queda esperar que, de aquí en adelante, nunca tengamos que "predicar" la relación con el Padre que tanto amamos, sino, más bien, que solo vivamos "eso": el amor, la aventura, la risa, la esperanza y la alegría.

El misterio del que habla Pablo en Efesios 5:32 es la revelación de la relación entre un hombre y una mujer y cómo "eso" muestra la relación de amor que Cristo tiene por nosotros. Nuestra vida diaria dice mucho del mundo que nos rodea. Cuando podemos ser *auténticos* con nosotros mismos, *auténticos* unos con otros y *auténticos* con Dios, la vida es buena.

Para terminar, durante años he estudiado, meditado y buscado la profundidad de lo que significa estar plenamente comprometido con la "santidad del momento". Además de estar inmersa en la devastación y aprender a aceptarle a Él en todas las situaciones, la MEJOR respuesta que he recibido provino de Kat Hubble, mi hija espiritual. Ella escribió para mí el siguiente poema:

La santidad del momento

Ponte a la altura de la tarea que tienes delante
No la tarea, sino la esencia
En plena sintonía, presta atención
Enfoque sin esfuerzo
Ojos abiertos
Y corazón abierto
Contempla montañas grises y esculpidas
Un inmenso cielo cerúleo con árboles muertos de otoño
Este conjunto de nubes y colores que nunca volverá a existir
El momento es gratis
No contiene disculpas
Está completo
Santuario Sagrado para el "YO SOY"
No el "yo era" ni el "seré si lo haces bien"
En las palmas del Creador
Ve una mota de magia brillante
Un copo de nieve.
Cristal único
Beso para ser soplado
Regalo para ser apreciado
En un segundo, derretido.
No existe futuro sin este regalo
Fijo en el futuro, el regalo perece sin ser recibido
Abre tus ojos
¿Ves el momento?
Un latido del corazón a la vida
ADN al destino

Completo en la maravillosa naturaleza de Dios
Y la naturaleza conociendo completamente la maravilla interior
"Eso" es el beso de boda.

Notas finales

1   *New American Standard – The Hebrew-Greek Key Word Study Bible.* © 1984 y 1990 de AMG International, Inc.

2   Algunos teólogos creen que Adán nació del vientre de Dios y fue criado desde la infancia hasta la edad adulta por Dios mismo. Todo lo que esta autora sabe es que todo es posible con Dios. Es posible que Ezequiel 16 aluda al atributo de crianza de Dios al criar a un niño pequeño.

3   *New American Standard – The Hebrew-Greek Key Word Study Bible.* © 1984 y 1990 de AMG International, Inc.

4   *New American Standard – The Hebrew-Greek Key Word Study Bible.* © 1984 y 1990 de AMG International, Inc.

5   *The Complete Jewish Bible.* © 1998 de David H. Stern, Jewish New Testament Publications, Inc., Clarksville, MA.

6   *Signs of Christmas – The Aleph and Tav* por Tiffany Ann Lewis (12-21-08). Publicado por The Elijahlist.com.

7   *New American Standard – The Hebrew-Greek Key Word Study Bible.* © 1984 y 1990 de AMG International, Inc.

8   Apocalipsis 12:10 "Y oí una gran voz en el cielo, que decía: Ahora ha venido la salvación, el poder y el reino de nuestro Dios y la autoridad de su Cristo, porque el acusador de nuestros hermanos, el que los acusa delante de nuestro Dios día y noche, ha sido arrojado". La Biblia de las Américas

9   Salmo 84:10.

10 Jeremías 1:5.

11 Génesis 1:28 "Y los bendijo Dios y les dijo: Sed fecundos y multiplicaos, y llenad la tierra y sojuzgadla; ejerced dominio sobre los peces del mar, sobre las aves del cielo y sobre todo ser viviente que se mueve sobre la tierra".

12 Si estáis interesados en este tema, un buen comienzo sería este artículo de Julie Vaughan: *Focus on the Family* (2010). http://www.focusonthefamily.ca/parenting/fatherhood/dads-and-the-daughters- they-love

13 *The Real Meaning of the Zodiac*, por D. James Kennedy, Ph.D. © 1989 de Coral Ridge Ministries. Pág. 149. Resumen.

14 Young, William P., *The Shack*, 2007, Windblown Media, Newbury Park, CA, capítulo 6.

15 David Elton Trueblood (1900 - 1994), destacado autor y teólogo cuáquero estadounidense del siglo XX, antiguo capellán de las universidades de Harvard y Stanford.

16 Marcos 5:33.

17 Romanos 8:28.

18 Tened en cuenta que no culpo ni nunca he culpado a mi madre por mis problemas. Ella es una dama hermosa y fuerte que, como yo, intentaba sobrevivir a situaciones no tan buenas. Con su ejemplo, aprendí a mantener la cabeza erguida y a actuar como una dama. Yo la amo y la honro como mi madre y mi amiga.

19 Génesis 3:1 – La Biblia de las Américas.

20 Génesis 3:3 – La Biblia de las Américas.

21 Génesis 3:4 – La Biblia de las Américas.

22 Génesis 3:5 – Es interesante observar que la serpiente (que representa a Satanás) proyectó lo mismo de lo que ella era culpable, es decir, de querer ser como Dios. Los culpables no quieren caer solos: ¡Se llevan a los demás con ellos!

23 Génesis 3:6 – La Biblia de las Américas.

24 Génesis 3:9.

25 Génesis 3:11.

26 Mateo 16:23: "Pero volviéndose Él, dijo a Pedro: ¡Quítate de delante de mí, Satanás! Me eres piedra de tropiezo; porque no estás pensando en las cosas de Dios, sino en las de los hombres" (LBLA).

27 Génesis 3:11.

28 Génesis 3:12.

29 Génesis 3:12.

30 Génesis 3:13.

31 Génesis 3:13.

32 Génesis 3:15.

33 Génesis 3:16.

34 Complete Jewish Bible (1998) de David H. Stern, Jewish New Testament Publications, Inc. Génesis (En el principio).

35 Génesis 3:20.

36 Apocalipsis 5:9: "...porque tú fuiste inmolado, y con tu sangre compraste[a] para Dios a gente de toda tribu, lengua, pueblo y nación" (LBLA).

37 Aunque la Palabra dice, en Génesis 3:24, "[el Señor Dios] Expulsó, pues, al hombre...", al final, Eva *decidió* ir con el hombre. Solo podemos preguntarnos si fueron expulsados juntos o si ella le siguió más tarde.

38 *"Kayin"* significa "adquisición".

39 *"Hevel"* significa "vacío" o "vanidad".

40 Jeremías 31:22 – "...la mujer rodeará al hombre". Escritura extraída de THE AMPLIFIED BIBLE, Old Testament © 1965, 1987 de Zondervan Corporation. Utilizada con permiso.

41 Mateo 12:34.

42 *Hebrew-Greek Key Word Study Bible, New American Standard Bible* (1990), de AMG Publishers, Chattanooga, TN.

43 1 Corintios 7: 32-34.

44 Algunas versiones dicen "tribulaciones".

45 1 Corintios 7:32-35.

46 "Nadie tiene un amor mayor que este: que uno dé su vida por sus amigos" (LBLA).

47 Juan 9:3

48 Juan 9:25

49 Juan 9:30-33

80 Juan 9:34 (LBLA).

51 Lucas 6:45: "El hombre bueno, del buen tesoro de su corazón saca lo que es bueno; y el hombre malo, del mal tesoro saca lo que es malo; porque de la abundancia del corazón habla su boca".

52 Efesios 5:26.

[53] Mateo 5:8.

[54] Mateo 17:19-21.

[55] Efesios 5:28-31.

[56] Efesios 5:24.

[57] Efesios 5:33.

[58] Salmo 51:12.

[59] Véase en la contraportada la foto tomada al principio de este viaje: Jesse, Jena y yo en la cima de Monument Hill.

[60] Más adelante, me pregunté por qué pensaba en mis hermanastras como las consentidas hermanas de Cenicienta. Realmente no había una respuesta lógica, aparte de que yo sabía, en mi corazón, que yo era la hermana que querían lejos, la que no era completamente aceptada en la familia. Sin embargo, en lugar de guardar rencor o resentimiento, las amo y les honro por los años que pasaron cuidando a mi distanciado padre biológico.

www.ingramcontent.com/pod-product-compliance
Lightning Source LLC
Chambersburg PA
CBHW060234030426
42335CB00014B/1445